Excellence des Handwerks
2023

Excellence des Handwerks

BOURDON
VERLAG

Eine Hommage an die besten Handwerker Deutschlands

Liebe Leserinnen, liebe Leser,
Sie dürfen gespannt sein, denn Sie halten ein außergewöhnliches Buch in den Händen. Einen Meilenstein der „Mission Starkes Handwerk". Diese Initiative habe ich 2020 ins Leben gerufenen, denn ich sehe es als meine Mission, unsere Handwerkszunft vom Staub vergangener Strukturen zu befreien. Ich möchte, dass dem Handwerk wieder das Ansehen und die Wertschätzung entgegengebracht wird, die wir mit unserer Arbeit verdienen.

Denn seien wir doch mal ehrlich: Was wäre die Welt ohne Handwerker? Ohne die Menschen, die Häuser und Straßen bauen, Dächer decken, Heizungen installieren, Küchen und Bäder zaubern und – vor allem – da sind, wenn Not am Mann (oder Frau) ist, weil etwas nicht mehr funktioniert. Handwerker leisten einen gewaltigen gesellschaftlichen Beitrag und meine Vision ist es, den für alle sichtbar zu machen.

Mit diesem Buch darf Ihnen, zu meiner großen Freude und in tiefer Dankbarkeit, „Die besten Handwerker Deutschlands" vorstellen. Sie verdienen diese Auszeichnung. Es sind herausragende Betriebe und ihre Macher. Unternehmer, die sich auf den Weg gemacht haben, sich der Bewerbung zu stellen. Nein, mein Team und ich, wir haben es uns nicht leicht gemacht, diese Auswahl zu treffen. Jedes dieser Unternehmen hatte harte Kriterien zu erfüllen. Mutig haben sie sich dem Prozess kritischer Betrachtung gestellt und sich getraut, ihren Betrieb für dieses Auswahlverfahren transparent zu machen, sodass wir bis in die hinterste „Ecke" schauen konnten. Mit tiefer Hochachtung verneige ich mich vor denen, die schlussendlich ausgewählt wurden, um in diesem Buch als Leuchtturm und zukünftiges Vorbild der Handwerksbranche dargestellt zu werden.

Bei der Auswahl haben wir alle Kriterien sorgfältig betrachtet: Wir haben uns von der Qualität ihrer Arbeit, ihrem Innovationsgeist und ihrem Beitrag zum guten Ruf der Handwerksbranche überzeugt. Jedes der hier präsentierten Unternehmen hat sich als würdiger Preisträger erwiesen und verdient höchste Anerkennung. Es ist mir eine besondere Ehre, ihre Leistungen und ihr Engagement für unsere Zunft gebührend zu würdigen.

Jeder von ihnen hat sich seinen eigenen Weg gesucht und ihn gefunden, trotz der Stolpersteine, die manchmal im Weg liegen, wenn man alte Pfade verlässt.

Diese Unternehmer hatten den Mut, sich von traditionellen Mustern und verstaubten Strukturen zu lösen. Jeder von ihnen hat sich seinen eigenen Weg gesucht und ihn gefunden, trotz der Stolpersteine, die manchmal im Weg liegen, wenn man alte Pfade verlässt. Sie haben rechtzeitig erkannt, wie sehr sich unsere Märkte wandeln und wie wichtig ein Change ist, um nicht nur mit dem Wettbewerb Schritt zu halten, sondern um immer eine Nasenlänge voraus zu sein.

Durch die Neuausrichtung haben sich diese Betriebe nicht nur ihre eigene Zukunft gesichert, sondern prägen mit ihrem Mut auch die Zukunft des Handwerks in Deutschland.

Diese Unternehmer zeichnet eine exzellente Unternehmensführung aus. Sie erkannten, dass Erfolg nicht nur von der Qualität der geleisteten Arbeit abhängt, sondern auch von der Art und Weise, wie man mit Kunden, Mitarbeitern und dem Nachwuchs umgeht. Indem sie moderne Ansätze zur Kundengewinnung verfolgt haben, machen sie ihre Dienstleistung neuen, klar fokussierten Zielgruppen zugänglich. Damit schlagen sie die Brücke zwischen Tradition und Innovation.

Doch das Einzigartige dieser Unternehmer liegt nicht nur in ihrem geschäftlichen Erfolg, sondern auch in ihrer Hingabe gegenüber ihren Mitarbeitern. Durch eine wertschätzende Personalführung schaffen sie eine positive Arbeitsatmosphäre, die ihre Mitarbeiter motiviert und beflügelt. Sie verstehen es, dass ein Unternehmen nur so gut ist wie die Menschen, die darin arbeiten und es mit ihrer Liebe zum Handwerk formen.

An dieser Stelle möchte ich jedem einzelnen Unternehmer und seinem Team meine aufrichtigen Glückwünsche aussprechen. Sie haben mit Ihrem Engagement die Handwerkszunft auf ein neues Niveau gehoben. Ihre Leistungen sind nicht nur inspirierend, sondern auch ein Vorbild für alle, die dem Handwerk verbunden sind. Wir sind zuversichtlich, dass Ihre Geschichten und Erfolge viele Menschen ermutigen werden, die eigenen Träume zu verfolgen und ihren Weg zum erfolgreichen Handwerksunternehmer gehen.

Sie haben mit Ihrem Engagement die Handwerkszunft auf ein neues Niveau gehoben. Ihre Leistungen sind inspirierend und ein Vorbild für alle, die dem Handwerk verbunden sind.

Wir wünschen alles Gute auf diesem Weg. Mögen Menschen wie diese in Zukunft neue Standards im Handwerk setzen und mit ihrer Leidenschaft und ihrem Können ihre Kollegen inspirieren.

Mit herzlichen Grüßen
Sven Schöpker

Gut gebaut. Seit 1828.

Krämer Bau

Familie Kögel

Unternehmen mit fast 200-jähriger Geschichte gibt's nur noch selten. Noch außergewöhnlicher ist dies in der Baubranche. Krämer Bau ist jedoch ein solches Unternehmen. Im Laufe dieser langen Zeit wurde aus einem klassischen Baugeschäft ein verlässlicher Komplettanbieter. Das Leistungsspektrum erstreckt sich von Ein- und Mehrfamilienhäusern bis hin zu komplexen Wohn- und Industrieanlagen. Auch für alle kleinen Bauvorhaben ist „der Krämer", wie er in der Region freundschaftlich genannt wird, für seine Kunden da.

Der Grundstein des Unternehmens wurde im Jahr 1828 gelegt. Schon damals waren es familiäre Gründe, die die Zeichen auf Erfolg gestellt haben. Denn als der junge Johann Jakob Krämer aus der Nähe von Reutlingen nach Winnenden kam, verliebte er sich in ein „Winnender Mädle", blieb sesshaft und gründete sein Baugeschäft.

Die harten Zeiten nach dem 2. Weltkrieg führten mit viel Fleiß im wieder bedeutend gewordenen Bereich des Hochbaus dazu, dass das Unternehmen weiter wachsen konnte. Projekt für Projekt bedeutete das Erfolg und Verantwortung gleichermaßen. Und weil „der Krämer" schon immer alles so gebaut hat, wie er es auch für sich selbst bauen würde, darf mit einigem Stolz auf eine exzellente Reputation geblickt werden. Das „Einmal Krämer, immer Krämer!" hört man nicht nur in der Region, sondern auch intern, wenn der heutige Geschäftsführer Michael Kögel das als Lob und Credo zugleich ausspricht.

Der Charakter jedes einzelnen Familienmitglieds ist das beste Erfolgsrezept. Wenn jeder sich auf seine Stärke konzentrieren kann, kann er auch sein Bestes geben. Zusammen mit flachen Hierarchien über alle Bereiche hinweg

Angestellt, verwandt oder verheiratet – die Krämer-Familie ist 70 Köpfe stark!

bleibt die große Familie Krämer flexibel und zukunftssicher aufgestellt. Dass das Unternehmen bald von der dann 7. Generation geführt wird, ist der Beweis dafür, dass eine Familie die beste und vor allem nachhaltigste Verbindung ist, weil Werte gut weitergetragen werden. Damit fügen sich Qualität und termingerechte Fertigstellung aller Vorhaben zum mit Fleiß und Weitsicht erarbeiteten guten Ruf des Unternehmens zusammen. „Einmal Krämer, immer Krämer!"

DATEN & FAKTEN

Mitarbeiterzahl: 70
Firmensitz: 71364 Winnenden
Gründungsjahr: 1828
Name Gründer: Johann Jakob Krämer
Heutige Leitung: Michael Kögel
Produkte: Schlüsselfertiges Bauen, Rohbau, Wohnbau, Industriebau, Sanierung, Außenanlagen
Branche: Hochbau
Internet: www.kraemerbau.de

Möbel sind für uns Originale mit Seele, geplant und gemacht für mehr Funktion, Emotion und ein langes Leben.

Gestaltung bis zur Fuge. Wohnen mit Becherer.

Becherer Möbel-werkstätten

Benedikt und Magnus Becherer

„Möbel sind für uns nicht Dinge, sondern Originale mit Seele, geplant und gemacht für mehr Funktion, Emotion und ein langes Leben.“ Davon ist Benedikt Becherer ebenso überzeugt wie sein Cousin Magnus, mit dem er gemeinsam in vierter Generation die Becherer Möbelwerkstätten in Elzach führt. Hier im Südschwarzwald produzieren bodenständige Schreiner aus Leidenschaft seit 1906 Edles aus Holz, sehr Edles sogar: Unikate handmade im Tal der Elz.

Heute ist Becherer weit mehr als Schreinerei und Möbelproduzent. Mit einem eigenen Planungs- und Kreativteam begleitet man Kunden und Architekten bei der Gestaltung von anspruchsvollen Einrichtungen – vom individuellen Wohnmöbel bis zur Ausstattung von großen Unternehmen in ganz Deutschland. Immer geht es dabei um Menschen, die besondere und durchdachte Lösungen suchen, mal für Hotels und Gastronomie, mal für Empfangsbereiche, Konferenzräume und Büros, mal für Wohnräume. Da sind sie bei Becherer richtig: „Wir schaffen Räume, die begeistern und funktionieren. Von der Planung über die Projektbegleitung und Fertigung bis zur Montage bieten wir unseren Kunden ganzheitliche Lösungen.“ Realisiert wird das alles von einem 70-köpfigen Team aus Innenarchitekten, Technikern, ausgebildeten Facharbeitern und 8 Auszubildenden.

Besondere Projekt-Highlights in der engeren Umgebung waren zuletzt die Einrichtung der Mannschaftsbereiche im neuen Stadion des SC Freiburg, der Innenausbau des Weinguts „Franz Keller, Schwarzer Adler“ in Oberbergen und die Einrichtung der Unternehmenszentrale von JobRad in Freiburg. Die Gründerin des bundesweit bekannten Dienstrad-Leasing-Anbieters ist von den neuen Räumlichkeiten begeistert: „Becherer ist ein Traumpartner, die machen alles mit Herz.“

Das Miteinander wird bei Becherer sehr großgeschrieben, nicht nur im Unternehmensleitspruch „Möbel. Menschen. Miteinander.“. Das klingt vielleicht etwas romantisch, aber in Elzach ist man überzeugt davon, dass nur im guten Zusammenspiel von Menschen mit ihren individuellen Fähigkeiten und Talenten Besonderes entstehen kann, in diesem Fall anspruchsvolle und einzigartige Möbel und Einrichtungen. Und das gilt für Benedikt Becherer nicht nur intern: „Das Miteinander ist das Entscheidende – damit meinen wir die Beziehungen im Team ebenso wie die zu unseren Kunden und Partnern. Und natürlich auch das respektvolle Miteinander von Mensch und Natur.“

Das Miteinander ist das Entscheidende – die Beziehungen im Team ebenso wie die zu unseren Kunden und Partnern.

DATEN & FAKTEN

Mitarbeiterzahl: 70
Firmensitz: 79215 Elzach
Gründungsjahr: 1906
Geschäftsführer: Benedikt und Magnus Becherer
Produkte: Innenarchitektur | Möbel | Innenausbau
Internet: www.becherer.com
Lieblingstätigkeit: Die Erwartungen von unseren Kunden übertreffen

Diller® steht für die Verbindung von Elektrotechnik und Eleganz und ist ein Beweis dafür, dass Qualität und Innovation Hand in Hand gehen können.

Diller® – smart connections

Daniel Diller

Diller®, ein Unternehmen, das Kunst und Technik vereint, ist führend in der Lichtgestaltung und setzt Maßstäbe in der Elektrotechnik. Mit der Vision, ein harmonisches Zusammenspiel zwischen Ästhetik und Technologie zu schaffen, konzentriert sich Diller® auf innovatives Lichtdesign, qualitativ hochwertige Multimedia-Systeme und fortschrittliche Smart-Home-Lösungen.

Der Showroom in Kronberg ist ein Aushängeschild von Diller® und dient als Plattform zur Präsentation von Produkten und Dienstleistungen. Architekten, Innenarchitekten und Privatkunden können hier auf 450 Quadratmetern eine beeindruckende Auswahl an Leuchten, Designelementen und High-End-Multimedia-Systemen von renommierten Marken wie Bang & Olufsen erleben. Als Gira Studio Partner und Spezialist für KNX-Bussysteme unterstreicht Diller® seinen hohen Qualitätsanspruch und die Vielfalt seiner Angebote. Ein besonderer Stolz des Unternehmens ist die weltweit größte Ausstellung von Bocci-Leuchten, die im Showroom präsentiert wird.

Seit der Gründung vor 13 Jahren durch Daniel Diller, einen Meister der Elektrotechnik, hat das Unternehmen einen bemerkenswerten Ruf erworben. Durch Innovation, Qualität und Leidenschaft hat Diller® die Branche revolutioniert und die Wahrnehmung von Elektroinstallationen verändert. Diller® ermöglicht es seinen Kunden, Technik hautnah zu erleben und die handwerkliche Perfektion in Planung, Umsetzung und Verwaltung zu würdigen. Ein engagiertes Team von 21 Experten lebt die Firmenphilosophie, „Wir brennen für unsere Projekte!“, und bringt meisterhafte Präzision in jedes Projekt.

Jedes bei Diller® ausgewählte Produkt durchläuft einen sorgfältigen Testprozess, um das bestmögliche Ergebnis für den Kunden zu garantieren. Das Unternehmen hat den Markenpreis ELMAR gewonnen, was die Leidenschaft, Professionalität und Einzigartigkeit von Diller® bekräftigt.

Durch Innovation, Qualität und Leidenschaft hat Diller® die Branche revolutioniert und die Wahrnehmung von Elektroinstallationen verändert.

Diller® steht für die Verbindung von Elektrotechnik und Eleganz und ist ein Beweis dafür, dass Qualität und Innovation Hand in Hand gehen können. Mit Diller® setzen Sie auf ein Unternehmen, das Maßstäbe in der Branche setzt.

DATEN & FAKTEN

Mitarbeiterzahl: 21
Firmensitz: 61476 Kronberg
Gründungsjahr: 2010
Gründer & Geschäftsführer: Daniel Diller
Produkte: Designer-Leuchten, Lifestyle- und Multimedia-Produkte, Smart-Home-Systeme
Internet: diller.de
Lieblingstätigkeit: Erfolgreiche Rettung: Sanierung verschiedener fehlerhafter KNX-Installationen. Als Höhepunkt wurde kürzlich eine hochwertige Designer-Leuchte von Bocci im Wert von ca. 54.000 Euro im Schlafzimmer eines Privathauses installiert.

Holz mit Herz und Heimat!

Schreinerei Brammertz

Die vier Geschäftsführer

Holz mit Herz und Heimat! So lautet der Leitsatz der Schreinerei Brammertz, denn mit absolutem Herzblut verarbeitet das 35-köpfige Team um die Inhaberfamilie Brammertz regional den einzigartigen Werkstoff Holz. In zwei Manufakturen erstellt die Premiumschreinerei aus Kornelimünster individuelle Lebenswelten aus Holz. Der Erfolg basiert auf traditionellen Werten und einer Philosophie, die den Menschen in den Mittelpunkt rückt – eine unternehmerische Denkweise geprägt durch menschliche Berufsethik! Heute ist die Beliebtheit der Manufaktur-Produkte so gewachsen, dass mit Wolfgang Braun und Peter Lütten zwei erfahrene Schreinermeister Max und Eduard Brammertz in der Geschäftsführung unterstützen. Beständige Werte gehen Hand in Hand mit zukunftsweisendem Wandel: diese unschlagbare Mischung im Handwerk überzeugt die Kunden seit nun 111 Jahren.

„Der Name Brammertz steht für herausragendes Schreinerhandwerk, Kundennähe und Service", sagen die Kunden über Brammertz. Max Brammertz erklärt: „Unsere gelebte Philosophie ist ehrlich, wertebasiert, professionell, regional, familiär, authentisch." Das Zitat spricht Bände. Gelebt wird das von der 3. und 4. Generation einer Unternehmerfamilie, für die Team, Unternehmen und Familie zusammengehören. Familie und Team planen und fertigen regional wertige Holzfenster, Holz-Alufenster, Haustüren, Möbel und Innenausbau für Alt- und Neubau. „Regionalität" ergänzt „Nachhaltigkeit durch Langlebigkeit" – Werte, die den heutigen Zeitgeist mehr denn je treffen.

Privatkunden, Unternehmen, Architekten auf der Suche nach einem authentischen, professionellen Partner im Schreinerhandwerk sind bei Brammertz an der richtigen Adresse. Das Unternehmen steht für sorgenfreies Bauen. Die wertigen Brammertz-Produkte erhält jeder Kunde und Partner mit Rundum-Sorglos-Service: persönliche Begleitung von der ersten Idee bis zum perfekten Ergebnis, ganzheitliches projektkoordinierendes Planen und Agieren, wertigste Fertigung in den Manufakturen, sorgsame ganzheitliche Montage, Nachhaltigkeit durch betriebseigenen Wartungsservice, lebenslange Freude durch Produktqualität. Und das alles ganz individuell auf die Ansprüche von Mensch und Gebäude zugeschnitten.

Unsere gelebte Philosophie ist ehrlich, wertebasiert, professionell, regional, familiär, authentisch.

Eduard Brammertz: „Wenn wir spüren, dass Kunde oder Architekt für die gleichen Werte steht wie wir, dann wird es ein großartiges Projekt und der ganze Erschaffungsprozess macht Freude."

DATEN & FAKTEN

Firmensitz: Aachen Kornelimünster

Gründungsjahr: 1912

Geschäftsführung: Eduard Brammertz, Max Brammertz, Wolfgang Braun, Peter Lütten

Produkte: handwerklich gefertigte Fenster, Haustüren, Innenausbau & Möbel für Alt- und Neubau

Letzter Preis: Fensterbauer des Jahres 2022/2023

Internet: www.brammertz-schreinerei.de

Lieblingstätigkeit: Immer wenn es uns gelingt, einen Kundenwunsch zu übertreffen, dann wird aus einem normalen Auftrag ein „Lieblingsstück".

Funktionalität, die auch Entspannung und Ambiente bietet.

Blomberg Heiz- und Sanitär- technik GmbH

Familie Blomberg

Mehr als 80 Jahre Erfahrung im Heizungs- und Sanitärbereich – mit diesem „Schatz" kann die Blomberg GmbH in Laer am Markt operieren. Und wenn dann noch – wie in diesem Fall – die Kompetenz von Generation zu Generation weitergegeben und weiterentwickelt wird, steht dem Erfolg eigentlich nichts mehr im Weg.

Die Blomberg Heiz- und Sanitärtechnik GmbH muss sich aktuell über mangelnde Arbeit nicht beklagen. Dafür ist ihr Tätigkeitsbereich in den Zeiten des Klimawandels zu sehr in den Mittelpunkt gerückt. „Wir führen die Installation, Wartung und Reparatur von Anlagen und Systemen in verschiedenen haustechnischen Bereichen wie Heizung, Sanitär und Raumentlüftung aus", erläutert Geschäftsführer Frank Blomberg das breite Leistungsspektrum, das sich in unzähligen Projekten manifestiert hat. „Unser Ziel ist es, maßgeschneiderte Lösungen in diesen Bereichen anzubieten, die individuellen Anforderungen an Effizienz, Komfort und Umweltverträglichkeit bei Renovierungen, Sanierungen und im Neubaubereich entsprechen." Um im Kundendienst und im Projektbereich eine termingerechte und zuverlässige Ausführung zu garantieren, sind die Prozesse im Unternehmen optimiert worden.

Das 30-köpfige Team um die Familie Blomberg ist schwerpunktmäßig im Münsterland tätig. Von Gas-Hybridanlagen bis hin zu Wärmepumpen und anderen innovativen Technologien steht eine breite Auswahl an Systemen zur Verfügung, um individuellen Anforderungen gerecht zu werden. „Unsere Gas-Hybridanlagen kombinieren die Vorteile von Gas sowie erneuerbaren Energien und gewährleisten eine effiziente und nachhaltige Wärmeerzeugung", beschreibt Frank Blomberg die Herangehensweise. Der Bad- und Sanitärbereich ist ebenfalls alles andere als eine Ansammlung von 0815-Lösungen. Blomberg macht aus Bädern individuelle Wellnessoasen, selbstverständlich auf Wunsch auch barrierefrei. Funktionalität, die auch Entspannung und Ambiente bietet – das ist der Ansatz der Blomberg Heiz- und Sanitärtechnik GmbH in diesem Bereich. Und das auch hier immer mit dem Blick auf die individuellen Vorstellungen der Kunden. Frank Blomberg: „Wir arbeiten engagiert und zuverlässig, um die Erwartungen unserer Kunden zu übertreffen."

Wir arbeiten engagiert und zuverlässig, um die Erwartungen unserer Kunden zu übertreffen.

DATEN & FAKTEN

Mitarbeiterzahl: 30
Firmensitz: 48366 Laer
Gründungsjahr: 1939
Gründer: Ewald Blomberg
Gesellschafter-Geschäftsführer: Frank Blomberg
Branche: SHK
Internet: www.blomberg-laer.de

Zukunftssichere Gärten zum Genießen

Meistergärtner Meiser

Das Team der Meistergärtner

Gartengestaltung ist ein weites Feld. Der eine mag es eher extensiv, der andere möchte viel Einfluss nehmen. Was aber sicher auf die meisten zutrifft, ist die hohe Wertschätzung des eigenen Grüns. Der eigene Garten soll eine Wohlfühloase sein. Eric Herrmann-Meiser kann dabei helfen, dieses Ziel zu erreichen. „Zukunftssichere Gärten zum Genießen" lautet das Credo des Landschafsgärtnermeisters und seiner Frau Dr. Sonja Meiser, einer promovierten Biologin. Seit Mitte 2020 sind sie mit ihrem eigenen Garten- und Landschaftsbaubetrieb erfolgreich für ihre Kunden da.

„Mit handwerklichem Können und einem geschulten Auge für kluge Lösungen werden sämtliche Ideen im Bereich Garten speziell für den Kunden durchdacht und in seinem Garten zuverlässig umgesetzt", erläutert „Meistergärtner Meiser", wie er sich selbst nennt, seine Vorgehensweise. Dabei setzt er bei der Pflanzenauswahl schwerpunktmäßig auf Baumschulen aus der Region. „Wir haben das große Glück, dass wir im Herzen der Baumschulregion hier auf die Besten zugreifen können und so auch noch kurze Wege haben."

Sein besonderes Augenmerk richtet Eric Herrmann-Meiser auf die ökologischen Erfordernisse, die auch ein privater Garten heutzutage erfüllen sollte. „Wir möchten einen Teil dazu beitragen, Gärten für die Zukunft zu gestalten. Darunter verstehen wir die Nutzung von Pflanzen, die auch eine gewisse Veränderung der Umwelteinflüsse vertragen", begründet er diese Sichtweise. Als Mitglied im Naturschutzbund Deutschland (NABU) achtet er bei der Pflanzenauswahl sehr genau auf den ökologischen Faktor. Auch mit der Gebäude- und Fassadenbegrünung und mit Fragen der Wasserspeicherung und Gartenbewässerung kennt er sich bestens aus. Mit seiner Frau Dr. Sonja Meiser hat er eine ausgewiesene Expertin an seiner Seite. Die promovierte Biologin bringt ihr vertieftes Wissen über die Pflanzenwelt in das Unternehmen ein. Darüber hinaus ist sie für die komplette Planung der Arbeitsabläufe und internen Strukturen zuständig.

Mit handwerklichem Können und geschultem Auge für kluge Lösungen werden sämtliche Ideen im Bereich Garten speziell für den Kunden durchdacht und zuverlässig umgesetzt.

Die Tatsache, dass der Garten- und Landschaftsbaubetrieb Meiser eine noch junge Firma ist, bringt es mit sich, dass alle Maschinen neu sind. „Wir bauen unseren Fuhr- und Maschinenpark laufend weiter aus und sind hierbei immer darauf bedacht, mit Partnerbetrieben aus der Umgebung zusammenzuarbeiten, um auch hier nicht lange Wege überbrücken zu müssen, sondern immer einen nahen Ansprechpartner zu haben."

DATEN & FAKTEN

Mitarbeiterzahl: 5
Firmensitz: 26209 Hatten/Sandkrug (Oldenburg)
Gründungsjahr: 2020
Gründer: Eric Herrmann-Meiser
Spezialität: Zertifizierter Fachbetrieb für Dachbegrünung vom Bundesverband GebäudeGrün e.V.
Internet: www.meistergärtner-meiser.de
Lieblingstätigkeit: Gestaltung von Gärten, Strukturschaffung mit Pflanzungen, Blühbeete mit Stauden und kleinen Gehölzen anlegen, kleine Wohlfühloasen schaffen

Der „Ewigkeitsbrunnen“
in Hagen

Das letzte Wort eines Menschen ist sein Grabstein

Steinbildhauerei Vincent

Timothy C. Vincent

Wenn ein Mensch stirbt, wird sein Grab auf dem Friedhof zum Ort des Erinnerns. Seine Gestaltung und insbesondere sein Grabmal rücken hierbei besonders ins Blickfeld. Individuelle Lösungen sind gefragt, die dem Verstorbenen gerecht werden. Bei der Steinbildhauerei Vincent ist dies sensible Thema in sehr guten Händen. „Das letzte Wort eines Menschen ist sein Grabstein", kleidet Timothy C. Vincent, der die in Wetter/Ruhr ansässige Werkstatt seit 2003 betreibt, seine Herangehensweise in einen ebenso schönen wie treffenden Satz.

Seine Auftraggeber schätzen seine transparente Beratung, wie er sagt, sein Engagement für das nachhaltige Wirtschaften im Handwerk, die hohe Qualität der jeweiligen individuellen Gestaltung und der handwerklichen Ausführung, die Zwanglosigkeit der Gespräche und das Vertrauen, das er seinen Kunden entgegenbringt. Transparent ist auch seine Arbeitsstätte – und das im wörtlichen Sinne. „Wir haben eine offene Werkstatt, das heißt, der Kunde ist immer willkommen und kann direkt sehen, wie gearbeitet wird", sagt Timothy C. Vincent. Auftraggeber sind in erster Linie Privatkunden, aber auch Kirchen, Unternehmen und Kommunen. Die Steinbildhauerei Vincent ist für ihre Arbeit schon oft ausgezeichnet worden. Die Auszeichnungen gab es für die hervorragende und beispielgebende Gestaltung sowie für das Nachhaltigkeitsengagement.

Nachhaltigkeit bedeutet für Timothy C. Vincent, dass er die Möglichkeiten der eigenen Region ausnutzt. Das Material, das er am meisten verarbeitet, ist der Herdecker Ruhrsandstein, ein regionales Material, dessen Vielfalt in den handwerklichen Bearbeitungsmöglichkeiten seinesgleichen sucht. Fragt man Timothy C. Vincent nach seinem Lieblingsprojekt, nennt er gleich eine ganze Liste an Aufträgen aus der jüngeren Vergangenheit. Ein besonderer Brunnen in Herdecke/Ende ist zum Beispiel darunter und die Wegführung des Westfälischen Jakobsweges in Herdecke. Auch das von ihm erfundene Bestattungskonzept „Ewigkeitsbrunnen", das 2019 in Hagen realisiert wurde, ist eines der Highlights seiner unternehmerischen Tätigkeit als Steinbildhauer – „denn mit der Umsetzung stellt sich ein Friedhof zukunftsfähig auf", erläutert er.

Wir haben eine offene Werkstatt – der Kunde ist immer willkommen und kann direkt sehen, wie gearbeitet wird.

Zukunftsorientiert will die Steinbildhauerei Vincent auch bei der Rekrutierung des beruflichen Nachwuchses sein. Die bislang letzte Auszubildende, Marina Rechlin, ist Landessiegerin in NRW geworden und erreichte den zweiten Platz im bundesweiten Wettbewerb „Die Gute Form".

DATEN & FAKTEN

Mitarbeiterzahl: 2
Firmensitz: 58300 Wetter/Ruhr
Gründungsjahr: 2003
Gründer: Dipl. Ing. Timothy C. Vincent
Produkte: Grabmale, Skulpturen, Friedhofsgestaltungen
Internet: www.steinbildhauerei-vincent.de
Lieblingstätigkeit: Individuell gestaltete, handwerkliche Grabmale

Wir schaffen Wohlbehagen!

J. Freitäger GmbH & Co. KG

Das Freitäger-Team

„Wir schaffen Wohlbehagen!" Dieser Slogan operiert mit einem guten Gefühl. Die Freitäger GmbH & Co. KG in Rietberg-Druffel verwendet ihn gerne, wenn sie erklären will, was ihre Kunden, aber auch ihre Mitarbeiter von dem Unternehmen zu erwarten haben. Freitäger ist Spezialist für Energiesysteme. Das erklärt aber noch nicht alles. Der Fokus richtet sich bei den Ostwestfalen auf energiesparende, zukunftsweisende Lösungen, die für automatisierten Klimaschutz sorgen – heutzutage ein Muss, findet der Chef.

„Wir sind der Überzeugung, dass mit einem vorausschauend gut geplanten und durchdachten Bad die Menschen möglichst lange selbstbestimmt zu Hause in den eigenen vier Wänden leben können", erläutert Johannes Freitäger, der das Unternehmen 2009 im Wohnzimmer seiner Eltern gründete. Der Installateur- und Heizungsbaumeister ist davon überzeugt, dass die Menschen mit einer zukunftsweisenden Wärmelösung eine vorsorgliche Entscheidung treffen und damit aktiven automatisierten Klimaschutz für kommende Generationen schaffen. „Gemeinsam helfen wir, Lösungen zu erarbeiten und setzen diese mit unserem Team in hoher Qualität um", so Johannes Freitäger. Das führe bei den Kunden zu mehr Sicherheit, mehr Freiheit und einer exzellenten Lebensqualität – jetzt und in Zukunft!

Ob Badsanierung, Heizungsinstallation, modernste Lüftungs- oder Solaranlagen: Das hoch motivierte Freitäger-Team legt größten Wert auf höchste Qualität zu fairen Preisen. Hierbei wird besonders auf eine bedarfsgerechte Beratung, eine individuelle Planung und eine termingerechte, handwerklich präzise Ausführung geachtet. Johannes Freitäger kann sich noch gut an seinen ersten Auftrag erinnern: Es ging um die Installation einer großen Hackgutanlage. „Der Kunde ist immer noch unser Kunde. Dieses Jahr bauen wir ihm eine noch größere Hackgutanlage ein. Das ist schön zu sehen."

Wir glauben daran, dass mit einer zukunftsweisenden Wärmelösung die Menschen aktiven automatisierten Klimaschutz für kommende Generationen schaffen.

Dass die Freitäger GmbH & Co. KG ausschließlich hochwertige, langlebige Produkte verwendet, die sie auch für sich selbst verwenden würden, ist da nur logisch. Auch die Kooperationspartner genügen den hohen Qualitätsansprüchen des Rietberger Unternehmens. Johannes Freitäger: „Durch eine gute Planung läuft dann alles Hand in Hand und der Kunde kommt stressfrei zu seinem neuen Bad oder oder zu seinem Energiesystem mit Zukunft." Seine Erfahrung nach jahrelanger Praxis: „Durch die zuverlässige Zusammenarbeit sind die Kunden anschließend begeistert."

DATEN & FAKTEN

Mitarbeiterzahl: 8
Firmensitz: 33397 Rietberg-Druffel
Gründungsjahr: 2009
Gründer: Johannes Freitäger
Qualifikation: Installateur- & Heizungsbaumeister
Produkte: „Energiesysteme mit Zukunft" – Badmanufaktur für Komplettbäder – Kundenservice
Internet: www.freitaeger.com
Lieblingstätigkeit: Energiesparende, zukunftsweisende Heizsysteme installieren und für automatisierten Klimaschutz sorgen. Schöne Bäder planen und bauen.

Fliesen Erlmann geht, Ihr Traumbad steht!

Fliesen Erlmann

Benedikt Erlmann

„Fliesen Erlmann geht, Ihr Traumbad steht!" Nichts anderes lässt sich bei den fast fugenlosen Bädern durch innovative High-End-Handwerksarbeit behaupten. Ob Metrofliesen im Retro-Look oder die großformatigen XXL-Varianten: Erlmann ist einer von wenigen, der das mit seinem Team ermöglicht.

Bei den Erlmanns hat das Handwerk bereits lange Tradition. Da überrascht es kaum, mit welcher Hingabe sich auch Geschäftsführer Benedikt Erlmann vom Auszubildenden bis zum Meister seinem Gewerk verschrieben hat. Mit solch einer Leidenschaft für den Beruf gelangt man auch ganz nebenbei in die Top-20-Bäder der Zeitschrift Bad-Design. Frisch und fröhlich geht es bei ihm und seinen zehn Mitarbeitern ans Werk – immer top-geschult und in ehrlicher Manier. Auch beim Nachwuchs ist das der Fall: 2012 wurde der Auszubildende des Betriebs Kammersieger im Raum Düsseldorf.

Wer gut und präzise arbeitet, braucht keine Werbung. Das trifft wohl auch auf Erlmann zu. Das Netzwerk von Installateuren empfiehlt die hochwertige Arbeit des Betriebs gerne weiter. Mit seiner fachlichen Kompetenz für exklusive Bäder in Kombination mit einer geradlinigen und verbindlichen Art ist eine gute Auftragslage gesichert. Besonders hervorzuheben ist die digitale Proraumwert-Ausstellung, mit der Kunden die Baumaterialien direkt zu Hause vorgeführt bekommen. Dabei wird mit fachlicher Expertise des Meisters die beste Fliese genau dort gefunden, wo sie am Ende verlegt wird.

Gerade in der Baubranche ist die Verankerung einer nachhaltigen Betriebsphilosophie nicht gerade ein Zuckerschlecken. Die Lieferkette wird in diesem Segment laufend optimiert. Eine enge Zusammenarbeit mit hochwertigen Zulieferern wie Codex lässt das Unternehmen einen ökologischen Schritt voraus sein. Hinzu kommt, dass die neue Betriebshalle künftig eine PV-Anlage haben wird und der selbst produzierte Strom dann eine stetig wachsende E-Fahrzeugflotte speisen kann.

Erlmann sprüht einfach vor Lust auf gutes Handwerk – das steckt an.

Erlmann sprüht einfach vor Lust auf gutes Handwerk – das steckt an. Die nächste kreative Idee – in Absprache mit dem Bauherrn und nach Prüfung der Umsetzbarkeit – lässt nicht lange auf sich warten, insbesondere wenn es um die Spezialisierung auf Großformate geht. Dank der hochwertigen Mischung aus sauberem Handwerk und dem besten Stand in Schulung und Technik können selbst herausfordernde Projekte realisiert werden.

DATEN & FAKTEN

Mitarbeiterzahl: 10
Firmensitz: 40468 Düsseldorf
Gründungsjahr: 2005
Gründer & Geschäftsführer: Benedikt Erlmann
Internet: www.fliesen-erlmann.de
Spezialitäten: Großformat-Fliesen, Gehrungskanten
Lieblingstätigkeit: Raumfabrik-Projekte, die liebevoll geplant sind und exklusiv ausgearbeitet werden sowie generell Privatleute, die sich gerne beraten lassen. Aber genauso der kleine Duschumbau bei Oma Müller, die noch mittags auftischt und sich unglaublich freut. Es ist immer das Zwischenmenschliche.

Der Aufbau einer Küche gehört in die Hände von Spezialisten.

Engel Küchenmontagen GmbH

Enrico und Tino Engel

Wer sich für eine neue Küche entscheidet, setzt voraus, dass diese fachgerecht und sauber montiert wird. Der Aufbau einer Küche ist aber eine hochkomplexe Angelegenheit und gehört daher in die Hände von Spezialisten. Viele Küchenstudios finden aufgrund des Fachkräftemangels keine geeigneten Küchenmonteure und engagieren entsprechende Dienstleister. Oft fällt die Wahl auf die Engel Küchenmontagen GmbH. Das im Jahr 2003 gegründete Unternehmen ist auf das Endkundengeschäft von Küchenstudios spezialisiert und zählt bundesweit zu den führenden Anbietern auf diesem Gebiet. Zahlreiche Auszeichnungen zeugen von einer hohen Professionalität.

„Wir unterstützen deutschlandweit – vom Bodensee in Süddeutschland bis zur dänischen Grenze in Norddeutschland – anspruchsvolle Küchenstudios bei der Montage ihrer hochwertigen Küchen", bringt Gründer und Geschäftsführer Enrico Engel die Dienstleistung seines Unternehmens auf den Punkt. „Als spezialisiertes Handwerksunternehmen montieren wir ausschließlich hochwertige Markenküchen wie z. B. Nobilia, Nolte, Häcker, LEICHT und Schüller."

In der Geschäftsführung agiert Enrico Engel mit seinem Bruder Tino Engel als starke Doppelspitze. 72 Küchenmontage-Spezialisten und 8 Mitarbeiter im Management stehen den beiden Chefs aktuell zur Seite. Damit kann man in diesem kleinen, aber feinen Marktsegment einiges bewegen. „Unsere Mitarbeiter sind echte Servicepersönlichkeiten mit goldenen Händen und einem großen handwerklichen Erfahrungsschatz", lobt Enrico Engel seine Belegschaft. Genau diese konsequent sorgfältige Mitarbeiterauswahl haben die Auftraggeber zu schätzen gelernt. Die Engel Küchenmontagen GmbH will ausschließlich mit den besten Küchenmonteuren Deutschlands zusammenarbeiten. Damit ist gemeint, dass – im Gegensatz zu anderen Montageunternehmen – keine Helfer oder Quereinsteiger beschäftigt werden. Tino Engel: „Unsere Zwei-Mann-Teams bestehen aus zwei erfahrenen und hoch qualifizierten Küchenmontage-Spezialisten, die beide über eine sehr hohe Problemlösungskompetenz verfügen."

Unsere Mitarbeiter sind echte Servicepersönlichkeiten mit goldenen Händen und einem großen handwerklichen Erfahrungsschatz.

Das hat zu einem positiven Renommee geführt – ablesbar an einer konstant hohen deutschlandweiten Auftragslage. Da verwundert es nicht, dass auch die Auszeichnungen nicht ausblieben. So ist die Engel Küchenmontagen GmbH erst kürzlich vom Deutschen Innovationsinstitut für Nachhaltigkeit und Digitalisierung mit den Siegeln „TOP-Service" und „Arbeitgeber der Zukunft" ausgezeichnet worden. Außerdem verlieh das Wirtschaftsmagazin FOCUS-Business dem Unternehmen – zum dritten Mal in Folge – das Siegel „Top-Arbeitgeber Mittelstand". Weitere Auszeichnungen werden sicher folgen.

DATEN & FAKTEN

Mitarbeiterzahl: 82
Firmensitz: 37327 Leinefelde
Gründungsjahr: 2003
Gründer: Enrico Engel (Gründer und Geschäftsführer) / Tino Engel (Geschäftsführer)
Internet: www.kuechenmontage-bundesweit.de
Lieblingstätigkeit: Als spezialisiertes Handwerksunternehmen montieren wir ausschließlich hochwertige Markenküchen wie z. B. Nobilia, Nolte, Häcker, LEICHT und Schüller.

Wohnträume aus Keramik schaffen

Fliesen Roßbroich

Christoph Roßbroich

„Wohnträume aus Keramik schaffen" – das war die Vision von Christoph Roßbroich, als er sich 2016 mit einem Fliesenleger-Meisterbetrieb selbstständig machte. Er hatte den richtigen Riecher, die Gründungsidee ging auf. Heute ist Fliesen Roßbroich eine Top-Adresse, wenn es im Raum Düren/Aachen/Köln um hochwertige Fliesenarbeiten geht.

Der Schlüssel zu seinem Erfolg ist für Christoph Roßbroich ein sehr hoher Anspruch an die Arbeits- und vor allem auch an die Servicequalität. Er war sich sicher: „Das lässt sich nur mit erstklassigen Mitarbeitern darstellen, die auch mit dem Herzen dabei sind." Sein Dream-Team aus „Handwerkern mit Leidenschaft" hat er sich sorgfältig zusammengestellt, das Credo für alle: „Wir lieben, was wir tun". Mit regelmäßigen Schulungen wird das technische Know-how auf höchstem Niveau gehalten. Und auch der Servicegedanke wird ständig weiterentwickelt, u. a. durch monatliche Mitarbeiterzirkel unter dem Motto: MMB – mach mich besser.

Eine typische Roßbroich-Badsanierung beginnt mit einer ausführlichen Vorfeldberatung. Eine präzise 3D-Planung schließt sich an. Alle folgenden Prozesse sind komplett digitalisiert. Mit den Kunden wird in allen Projektstadien regelmäßig kommuniziert. Sollte es mal irgendwo klemmen, „ist eine schnelle Problembehebung bei uns inklusive".

Bei seinen Kooperationspartnern in Düren und Simmerath zeigt er eine breite Palette von Fliesen in verschiedenen Größen, Farben und Designs. Da ist für jeden Geschmack und jeden Einsatzbereich etwas dabei. Eine besondere Roßbroich-Spezialität sind XXL-Fliesen mit einer Kantenlänge von bis zu 300 cm. Sie sind eingebaut ein Hingucker, erfordern beim Handling und bei der Verarbeitung aber ein spezielles handwerkliches Geschick und allerbeste Werkzeuge. Das Team Roßbroich hat auch das drauf, das beweisen viele tolle Referenzprojekte.

Roßbroich kann nicht nur Fliese, er bietet auch komplette Altbausanierungen an.

Roßbroich kann nicht nur Fliese, er bietet auch komplette Altbausanierungen aus einer Hand an. Der Kundenvorteil: ein Auftrag, ein Ansprechpartner, eine Rechnung. Ein besonderes Angebot von Fliesen Roßbroich im Bereich Fußbodenheizung: Flache Aufbaulösungen schon ab 3,5 cm Gesamtaufbauhöhe, die zusätzlich beim Energieverbrauch und Bauzeiten einen großen Vorteil bieten. Auch hier gilt: Wer individuelle Premiumarbeit sucht, ist bei Roßbroich bestens aufgehoben.

DATEN & FAKTEN

Mitarbeiterzahl: 7
Firmensitz: 52385 Nideggen
Gründungsjahr: 2016
Gründer und Geschäftsführer: Christoph Roßbroich
Produkte: Badsanierung aus einer Hand – XXL-Fliesen – Fußbodenheizung ab 3,5 cm Gesamtaufbauhöhe
Internet: www.fliesen-rossbroich.de
Lieblingstätigkeit: Wohnträume aus Keramik

Miteinander statt nur nebeneinander arbeiten – bei HGZ selbstverständlich

Gebäudetechnik. Neu gedacht!

Zuerst den Menschen sehen und verstehen.
Auch das ist Teil der Unternehmens-DNA.

HGZ Solutions GmbH

Dirk und Daniel Zeuschner

Gebäude werden für Menschen gebaut. Als Orte zum Leben, Lernen, Arbeiten, Begegnen und so vieles mehr. Bei HGZ ist man der festen Überzeugung, dass jeder dieser Orte etwas Besonderes sein sollte. So wie die Menschen einzigartig sind, die diese Gebäude gestalten und nutzen.

Deshalb denken und handeln die Berliner Premium-Handwerker nicht in den üblichen Schablonen, sondern stellen mutige Fragen und bieten neue Antworten – für eine menschlich und ökologisch sinn- und wertvolle Gebäudetechnik für heute und morgen.

Und alle im Team rund um Gründer Dirk Zeuschner übernehmen nachhaltig Verantwortung: als individuelle Kümmerer und Wegbegleiter für jeden individuellen Auftraggeber und seine ganz persönlichen Wünsche, Ziele und Bedürfnisse. Denn auch das ist Teil der besonderen Haltung im Unternehmen: Nur wer wirklich zuhört und versteht, was dem Gegenüber wichtig ist, kann gemeinsam auch die beste Zukunft bauen.

Heizung, Lüftung, Klima, Bäder, Wassertechnik, erneuerbare Energien, Wartung und Service ... die Kompetenz- und Leistungsfelder von HGZ sind vielfältig. Die Referenzliste begeisterter Kunden aus der Hauptstadt ebenfalls.

Vom privaten Eigenheimbesitzer über Hausverwaltungen bis hin zu Planern und Architekten für den komplexen Anlagenbau im gewerblich/industriellen oder auch öffentlichen Sektor – bei HGZ erhält jede Zielgruppe die individuelle Aufmerksamkeit, das professionelle Verständnis und vor allem die persönliche Wertschätzung, die sie verdient.

Der Leitgedanke „Neu gedacht" ist für HGZ dabei authentischer Anspruch und Messlatte zugleich. Nicht nur für die Gebäudetechnik selbst, sondern für alle Themenfelder im Innen und Außen.

Gebäude werden für Menschen gebaut. Deshalb geht es am Ende nicht um unsere Arbeit, sondern darum, was es mit den Menschen macht.

Gebäude werden für Menschen gebaut. Deshalb geht es am Ende nicht um unsere Arbeit, sondern darum, was es mit den Menschen macht.

Von komplett digitalisierten Prozessen über innovative Lösungen und überdurchschnittlichen Service bis hin zur gelebten New-Work-Kultur – die Berliner Spezialisten für nachhaltige Gebäudetechnik beweisen eindrucksvoll, dass visionäres Denken und Handeln im Handwerk keine Frage der Größe, sondern vor allem der Haltung sind.

DATEN & FAKTEN

Mitarbeiterzahl: 35
Firmensitz: 12681 Berlin
Gründungsjahr: 1996
Geschäftsführer: Dirk Zeuschner
Produkte: Heizungsanlagen, Sanitäranlagen & Bäder, Klimaanlagen
Internet: www.hgzberlin.de
Spezialitäten: Nachhaltige Gebäudetechnik, Smart-Home, Digitalisierung
Lieblingsstück: Unsere Ideen sind unser wertvollstes Werkzeug

Das Team kümmert sich „mit viel Liebe und Leidenschaft“ um die Wünsche der Kunden.

„Die Försterei“ in Bad Iburg

Malermeister-betrieb FARBRAUM

Maler- und Lackierarbeiten gehören zu der Sorte Handwerk, an dem sich wohl jeder schon einmal probiert hat. Und mit welchem Ergebnis? Was auf den ersten Blick ganz ordentlich zu sein scheint, entpuppt sich bei genauerer Betrachtung in aller Regel als mangelhaft. Zweifellos gehören auch diese Arbeiten in professionelle Hände. Zum Beispiel in die Hände des Malermeisterbetriebs FARBRAUM in Bad Iburg. Andre Coelho Santos und sein Team kümmern sich „mit viel Liebe und Leidenschaft" um die Wünsche der Kunden, wie der Firmenchef betont.

Der Schritt in die Selbstständigkeit setzt neben dem intensiven Verlangen, eigenverantwortlich etwas auf die Beine zu stellen, eine gute Vorbereitung voraus. Andre Coelho Santos reichte es nicht, dass er schon einige Jahre als Angestellter erfolgreich in seinem Beruf gearbeitet und darin auch seinen Meister gemacht hatte. In einer Zusatzausbildung zum Betriebswirt des Handwerks erwarb er auch das nötige kaufmännische Rüstzeug für den eigenen Betrieb. 2019 ging es dann sehr gut vorbereitet los.

Schon in dieser kurzen Zeit gelang es ihm, sich in seinem Handwerkszweig einen exzellenten Ruf zu erarbeiten. Der Malermeisterbetrieb FARBRAUM steht für hochwertiges Handwerk und Vielseitigkeit. Dabei wird ein sehr breites, zum Teil innovatives Spektrum an Materialien eingesetzt. Betreut werden sowohl Privat- als auch Geschäftskunden. „Weil wir gründlich und zuverlässig arbeiten, sind wir für unsere Kunden sehr attraktiv", verrät Andre Coelho Santos sein Erfolgsrezept. „Wir arbeiten serviceorientiert und nehmen uns sehr viel Zeit, um entsprechende Gestaltungswünsche umzusetzen. Wir achten sehr auf die Abstimmung und die Organisation der Abläufe." Die Mitgliedschaft im Unternehmernetzwerk BNI sorgt für eine optimale Zusammenarbeit mit anderen gewerblichen Akteuren.

Wenn man Andre Coelho Santos nach einem besonders schönen Projekt in der jüngeren Vergangenheit fragt,

Durch die Verbundenheit mit Bad Iburg war es uns eine Herzensangelegenheit, dieses Vorhaben umzusetzen. Hier kann man sich einen Eindruck verschaffen, zu welchen Leistungen wir in der Lage sind.

nennt er den Gastronomiebetrieb „Die Försterei" am Baumwipfelpfad in Bad Iburg. Die Innengastronomie wurde renoviert, neugestaltet und somit mächtig in Szene gesetzt. „Durch die Verbundenheit mit Bad Iburg war es uns eine Herzensangelegenheit, dieses Vorhaben umzusetzen. Hier kann man sich einen Eindruck verschaffen, zu welchen Leistungen wir in der Lage sind."

DATEN & FAKTEN

Mitarbeiterzahl: 7
Firmensitz: Bad Iburg
Lager: Osnabrück
Gründungsjahr: 2019
Gründer: Andre Coelho Santos – Meister + Betriebswirt des Handwerks
Internet: www.farbraum-malermeisterbetrieb.de

Mit Herz und Handwerk

Schäfer Haustechnik GmbH

Jens Kersting

„Wir wissen genau, was für Sie wichtig ist. Sie fühlen sich von uns auf Anhieb verstanden und spüren intuitiv, dass wir Ihre Vorstellungen teilen und alles dafür geben, Ihre Wünsche in Perfektion umzusetzen." Das sind starke Worte, die auf ein Höchstmaß an Engagement und Kundennähe schließen lassen. Und genauso will sie Jens Kersting auch verstanden wissen. Er ist Chef der Schäfer Haustechnik GmbH. Hinter dem Wort Haustechnik verbirgt sich bei dem Unternehmen, das seinen Sitz in Lippstadt hat, neben haustechnischen Angelegenheiten in erster Linie die Kernkompetenz der Sanierung von Bädern und Heizungsanlagen. Das Unternehmen hat sich vor Jahren den Marken „Die Badgestalter" und „Meister der Elemente" angeschlossen.

„Das Badezimmer ist kein Raum wie jeder andere, es ist ein Ort der Reinigung für Körper und Seele, ein Ort des Wohlfühlens und der Entspannung", beschreibt Jens Kersting die Philosophie seines Unternehmens, das er 2006 von dem Gründer Hans-Josef Schäfer übernahm. Umso wichtiger sei es, bei der Badsanierung einen Spezialisten an der Hand zu haben, der die individuellen Wünsche umsetze und den Kunden vom ersten Planungsgespräch bis zum Abschluss aller Arbeiten begleite. Genau das tut die Schäfer Haustechnik GmbH. „Zuhören, umsetzen, glücklich machen", lautet die Devise. Zahlreiche Kunden in und um Lippstadt können das bestätigen.

Dabei ist Badgestaltung nach dem Verständnis der Lippstädter durchaus ein dehnbarer Begriff. Welche Ausmaße das annehmen kann, wurde kürzlich im Heimatort in einem Einfamilienhaus demonstriert. Dort wurde eine komplette Etage in ein Bad umfunktioniert, indem zwei alte Bäder zu einem neuen zusammengelegt und noch durch eine Sauna und einen Whirlpool ergänzt wurden.

Zu allen Projekten gehören in der Regel noch andere Gewerke. Auch darum kümmert sich die Schäfer Haustechnik GmbH, sodass der Kunde nur einen Ansprechpartner hat. „Die Zusammenarbeit mit unseren Partnerbetrieben klappt hervorragend", freut sich Jens Kersting.

Die besten Momente sind persönlich.

Das Team, das die verschiedenen Aufgaben erledigt, besteht aktuell aus 14 Mitarbeiterinnen und Mitarbeitern. Dazu gehören immer auch Auszubildende, denn die Schäfer Haustechnik GmbH legt Wert auf einen qualifizierten Nachwuchs. Und den zieht man am besten selbst heran. Die meisten Beschäftigten sind ihrem Arbeitgeber schon seit vielen Jahren treu, was auf einen familiären „Spirit" hindeutet. „Wenn Mitarbeiter mal Probleme haben, stehe ich ihnen selbstverständlich immer zur Seite", sieht sich Jens Kersting in einer Verantwortung, die über das Geschäftliche hinausgeht.

DATEN & FAKTEN

Mitarbeiterzahl: 14
Ort: Lippstadt
Gründung: 1991
Gründer: Hans-Josef Schäfer
heutige Leitung: Jens Kersting (seit 2006)
Internet: www.die-badgestalter.de/partner-schaefer-lippstadt
Lieblingsprodukt: Alles. Die Abwechslung bereitet mir Freude.

argan

WIBERG

SUITE

Style by Weil

Sven Weil

„Gut Ding braucht Weil!“ Bei Designliebhabern und in der exklusiven Gastronomie lässt sich das Produkt dieser Geduld begutachten. Einzigartige Menükarten, Menagen, Schneidbretter und mehr werden aus den vorzüglichsten Naturalmaterialien in präziser Handarbeit geformt.

Sven Weil bedient mit seiner Tischlerei eine einzigartige Nische und seine Kunden haben genauso hohe Ansprüche wie er selbst. Durch Messen und später dann Empfehlungen zufriedener Sterneköche und Hoteliers konnte er sich mit seinen außergewöhnlichen Produkten einen Namen machen. Natürlich widmet sich Sven Weil nach wie vor dem Parkett, auf das er sich ursprünglich in Folge seiner Tischlerausbildung spezialisiert hatte, doch sein Herz schlägt definitiv für seine exklusiven Handwerksstücke: ausgefallene, exklusive Holz-Designs für Gastronomie und Hotellerie.

Wer Ausstellungsstücke bei einer Messe oder bei einem Sternekoch sieht, möchte in der Regel kein direktes Abbild. Eigene Wünsche werden in den Entwürfen berücksichtigt, die Stücke für den Gebrauch optimiert und getreu den individuellen Vorstellungen umgesetzt. Der Kunde wird so zum Assistenzdesigner. Die entsprechend hohen Anforderungen an das Endprodukt werden vom Team Weil meisterhaft umgesetzt.

Beim Anblick der langlebigen Designstücke aus Holz könnte einem fast entfallen, wie nachhaltig diese sind. In der Wertschöpfungskette kommen nur natürliche Materialien vor, keine Kunststoffe oder Lacke. Fast alle Schritte werden hausintern absolviert, was Kunden besonders schätzen. Die Lieferanten sind dem Betrieb persönlich bekannt und das zertifizierte Holz kommt aus Deutschland. Die meistverwendeten Holzarten sind Eiche und französischer Nussbaum.

Gut Ding braucht Weil!

In familiärer Atmosphäre laufen die Prozesse der Fertigstellung fein abgestimmt. Dass dabei eine gewisse Perfektion eine Rolle spielt, lässt sich an einem der Lieblingsprojekte des Unternehmers erkennen. Es handelt sich um den Nachbau einer edlen Bar in Modellgröße. Für diese Spezialanfertigung wurden die Originalmaterialien recherchiert und besorgt, um die Konstruktion möglichst originalgetreu umzusetzen.

Entweder richtig oder gar nicht. Nach diesem Motto werden die handgefertigten Originale erdacht, entworfen und gefertigt, denn manchmal geht es um das Nonplusultra – da wird alles passend gemacht.

DATEN & FAKTEN

Mitarbeiterzahl: 3
Firmensitz: 35519 Rockenberg
Gründungsjahr: 2007
Gründer & Geschäftsführer: Sven Weil (Tischlermeister)
Internet: www.style-by-weil.de
Lieblingsstück: Exklusives Zubehör für Gastronomie & Hotellerie

Ob Großprojekt, Komplettanlage oder Badrenovierung: Elektro, Licht und Energie? Rufen Sie Schröder!

Schröder Elektrotechnik e. K.

Kai Schröder

Wie gestalten Sie Ihr smartes Arbeits- und Lebensumfeld? Ob Modernisierung oder Neubau, wer die besten Marken in Licht, Haushaltsgeräten und Elektrotechnik von einem eloquenten Fachmann sucht, der weiß: Rufen Sie Schröder!

Einen ersten Eindruck können Kunden sich im Showroom des beliebten Handwerksunternehmens machen. Neben fachlicher Beratung gibt es dort Designer-Lampen aus dem Hause Occhio, hochqualitative Miele-Geräte und smarte Technik von Siedle zu bestaunen. Hier zeigt sich, dass Schröder ein Partner ist, der sich ganzheitlich mit Elektronik und Energie auskennt und immer eine individuelle Lösung anbieten kann.

„Profi im Handwerk" ist hier nicht nur eine Floskel – bereits zum fünften Mal in Folge erhält das Unternehmen diese Zertifizierung. Nicht nur die Qualität der Arbeit wird hier bewertet, sondern auch kundenorientiertes Verhalten. Schröder darf sich als einziger Handwerksbetrieb dreifacher Sieger des ELMAR-Preises (Markenpreis Elektrobranche) nennen und setzt noch einen drauf: die zweifache Auszeichnung von 1A-Arbeitgeber im Handwerk. Das spricht für sich und unterstreicht die vorausschauende Haltung von Geschäftsführer Kai Schröder: „Zufriedene Mitarbeiter sind das Fundament für begeisterte Kunden."

Von der Beratung über die Umsetzung bis hin zum neu gestalteten Lebensumfeld. Das moderne Equipment samt jahrelangem Know-how der Handwerker sorgt für einen begeisterten Kunden. Bei Schröder kann man auf Verlässlichkeit, Freundlichkeit und eine angenehme Kommunikation bauen. So wird für jeden Beteiligten eines Bauprojekts alles sorgfältig und reibungslos in die Wege geleitet. Wenn der Familienbetrieb in zweiter Generation mal nicht alle Aufgaben selbstständig zu lösen weiß, werden langjährige Partner aus anderen Gewerken hinzugezogen. So werden alle Bauprojekte in jeder Hinsicht optimal und in fein justierter Absprache mit Architekten und Bauherren durchgeführt.

Zufriedene Mitarbeiter sind das Fundament für begeisterte Kunden.

„Rufen Sie Schröder!" Der Slogan steht nicht nur für einen hochwertig arbeitenden Betrieb auf ganzer Linie, sondern auch für moderne Lebensqualität. Glücklichsein ist der neue Reichtum, authentisch Leben der neue Wohlstand.

DATEN & FAKTEN

Mitarbeiterzahl: 14
Firmensitz: 25462 Rellingen
Gründungsjahr: 1986
Geschäftsführer: Kai Schröder
Internet: www.RufenSieSchroeder.de
Lieblingstätigkeit: Smarte Haustechnik

Mit Rokstyle ist es gelungen, Neues zu wagen und Hinterbliebenen nicht nur besondere Grabzeichen anzubieten, die hohen individuellen Ansprüchen gerecht werden, sondern auch eine Marktveränderung herbeizuführen.

Stein Hanel GmbH / Rokstyle

Alexander Hanel

Der Tod nahestehender Menschen zählt sicher zu den emotionalsten Ereignissen, die man in seinem Leben verarbeiten muss. Umso wichtiger ist es, dass man aus den Grabstätten dieser Menschen einen Ort macht, der der Bedeutung und Wertschätzung gerecht wird. Hier rückt der Grabstein besonders in den Fokus. Die Stein Hanel GmbH mit Sitz in Leutershausen und Wassertrüdingen hat sich diesem Thema auf ungewöhnliche Weise angenommen und für nationale und internationale Aufmerksamkeit gesorgt. 2013 schuf Alexander Hanel, der das 1948 gegründete Unternehmen in dritter Generation leitet, mit der Marke „Rokstyle" das erste Fashion-Label für Grabsteine.

„Mit Rokstyle ist es gelungen, Neues zu wagen und Hinterbliebenen nicht nur besondere Grabzeichen anzubieten, die hohen individuellen Ansprüchen gerecht werden, sondern auch eine Marktveränderung herbeizuführen", erläutert er die zwei Seiten dieser Innovation. „Wir sind seit Jahrzehnten Profis in der Natursteinproduktion. Viele Impulse und Innovationen haben die Branche positiv beeinflusst, nicht nur das erste Fashionlabel." Heute werden von der Marke Rokstyle der Stein Hanel GmbH circa 550 Steinmetzbetriebe in halb Europa beliefert. Auch der Friedhofskulturkongress und der erfolgreichste Aktionstag der Grabstein-Branche, der „Tag des Grabsteins", geht auf eine Idee von Alexander Hanel zurück. Wegen seiner Kreativität wurde der Firmenchef von der Süddeutschen Zeitung als „Karl Lagerfeld des Friedhofs" bezeichnet. Aus den zahlreichen Auszeichnungen, die das Unternehmen schon bekam, sticht der „German Design Award" heraus, den es schon zum dritten Mal gab.

Die ausgezeichnete Reputation des Steinmetz-Betriebes hat auch die Prominenz nicht unberührt gelassen. So stammt das Falco-Denkmal in Österreich ebenso von Hanel wie die Büsten des früheren Außenministers Hans Dietrich Genscher und des Schauspielers Helmut Berger. „Als Fußball-Fans sind uns auch die beiden Gedenksteine, die wir für den 1. FC Nürnberg gefertigt haben, eine

Am schönsten ist es aber, für einen verstorbenen Menschen ein würdiges Andenken zu erschaffen.

Herzensangelegenheit", nennt Alexander Hanel ein weiteres außergewöhnliches Projekt. „Am schönsten ist es aber grundsätzlich, für einen verstorbenen Menschen ein würdiges Andenken zu erschaffen, in dem Hinterbliebene einen entsprechenden Trost finden", beschreibt der 45-Jährige noch einmal seine Unternehmensphilosophie.

DATEN & FAKTEN

Mitarbeiterzahl: 16
Firmensitz: Leutershausen & Wassertrüdingen
Gründungsjahr: 1948
Gründer: Josef Hanel mit Söhnen
Heutige Geschäftsführung: Alexander Hanel, Harald Hanel
Produkte: Grabsteine
Internet: www.stein-hanel.de / www.rokstyle.de
Lieblingstätigkeit: Kreative Arbeit – das Design neuer Grabsteine

Wir erkennen die Probleme unserer Kunden sofort und bieten schnelle Lösungen, die so effizient und schlank wie möglich sind.

Wenzel Düsentechnik

Was haben das Abwassersystem eines Airbus A380, die Schutzanzüge der Fukushima-Dekontaminationsteams und Pipeline-Reinigungssysteme in Alaska gemeinsam? Sie enthalten als wichtige Funktionsteile Spezialdüsen aus Bad Urach, entwickelt und in höchster Präzision gefertigt von Wenzel Düsentechnik GmbH & Co. KG.

„Herr der Düsen" hier auf der Schwäbischen Alb ist seit einigen Jahren Thomas Wenzel, der den von seinem Vater 1992 gegründeten Feinwerkmechanik-Betrieb 2018 übernommen und erfolgreich weiterentwickelt hat. Das ist in einem Markt, der überwiegend von großen Industrieunternehmen geprägt wird, alles andere als trivial. Wenzel-Düsen kann hier punkten durch individuelle und schnelle Engineering-Lösungen: „Wir erkennen die Probleme unserer Kunden sofort und bieten schnelle Lösungen, die so effizient und schlank wie möglich sind." Die Kunden aus aller Welt schätzen das sehr. Wenzels Team hat den Ruf eines „Best Practice"- und „Easy to Deal With"-Partners.

Und die Firma Wenzel hat ein weiteres starkes Argument auf ihrer Seite, ihre branchenübergreifende Applikationskompetenz. Das Unternehmen hat sich im Laufe der Jahre ein sehr breites Zerstäubungs- und Düsen-Know-how in einer Vielzahl von Anwendungsgebieten erarbeitet – von der Landwirtschaft und Lebensmittelproduktion über die Pharma- und Chemieindustrie bis hin zur Umwelt- und Kraftwerkstechnik. Sie sind nach ISO 9001 (allg. Qualitätsmanagement); ISO 14001 (Umwelt und Ressourcen) und ISO 13485 (Design und Herstellung von Medizinprodukten) zertifiziert. „In Sachen Düsentechnik haben wir alles drauf, von der Kuh-Kühlung bis zum Hochseefrachter."
Stolz ist Thomas Wenzel auf sein tolles Mitarbeiterteam, das zu 80 % in seinem Betrieb ausgebildet wurde: „Es ist das beste Team ever, gibt immer Vollgas und bringt ständig neue Ideen ein, um besser zu werden." Das gelte nicht nur für Kundenwünsche, sondern auch für die internen Abläufe, die in hohem Maße digitalisiert sind.

In Sachen Düsentechnik haben wir alles drauf, von der Kuh-Kühlung bis zum Hochseefrachter.

Ehrenamtliches Engagement ist für die Firma Wenzel besonders wichtig, deshalb fördert sie ihre Mitarbeiter dabei. Viele sind bei der Freiwilligen Feuerwehr aktiv. Sie sind auch während der Arbeitszeit für Einsätze verfügbar und werden selbstverständlich freigestellt. Andere unterstützen z. B. als Betreuer im Fußball- und Jugendbereich. Im Oktober 2022 hat Thomas Wenzel die 4-Tage-Woche eingeführt. „Ein Gewinn für alle, auch für das Unternehmen" – ist seine Bilanz.

Und er hilft gerne, wenn irgendwo Not am Mann ist – nicht nur in Bad Urach, auch z. B. nach dem Reaktorunglück in Fukushima. Innerhalb von 24 Stunden nach den ersten Düsen-Bedarfsmeldungen wurde seine Fertigung umgestellt, um schnell mit passenden Spezialdüsen zu helfen.

DATEN & FAKTEN

Mitarbeiterzahl: 10
Firmensitz: 72574 Bad-Urach-Wittlingen
Gründungsjahr: 1992
Leitung: Thomas Wenzel
Produkte: Sonderdüsen – Engineering-Dienstleistungen
Internet: www.wenzel-duesen.de
Lieblingstätigkeit: Optimale kundenspezifische Düsen- und Engineering-Lösungen

Mit viel Hingabe, Kreativität und Respekt gegenüber dem Werkstoff entstehen in unserer Werkstatt Unikate.

Die Hoftischlerei GmbH

Das Team der Hoftischlerei

„Die Hoftischlerei" – schon der Name klingt nicht nach Produkten und Dienstleistungen „von der Stange", sondern nach etwas Besonderem. Und genau so ist es. Hinter dieser Bezeichnung verbirgt sich eine traditionelle Tischlerei im Herzen von Kiel, die sich auf den Bau von Massivholzmöbeln spezialisiert hat. Wobei „verbirgt" eigentlich nicht stimmt, denn der Handwerksbetrieb hat sich, seitdem er 2014 mit seiner Arbeit begann, schnell einen Namen gemacht und operiert längst nicht mehr im Verborgenen.

Der eigentliche Möbelbau startet mit der sorgfältigen Auswahl des Holzes. Verwendung finden zahlreiche Holzarten, die man in der Tischlerei gern ansehen, fühlen und auch riechen darf. Kein Stück Holz gleicht dem anderen. Baumart, Maserung, Wuchs und Besonderheiten des Holzes sind einzigartig. Man muss sich immer wieder neu auf das Material einlassen und sich die nötige Zeit nehmen, um das Beste zum Vorschein zu bringen. Ein verantwortungsvoller Umgang mit dem wertvollen, lebendigen Werkstoff ist für das neunköpfige Team eine Selbstverständlichkeit. Viele Arbeitsschritte werden noch klassisch von Hand durchgeführt. Kolja Becker: „Mit viel Hingabe, Kreativität und Respekt gegenüber dem Werkstoff entstehen in unserer Werkstatt ausschließlich Unikate."

„Wir verstehen uns als kleiner Familienbetrieb; mit unseren Mitarbeitern bilden wir ein schlagfertiges, flexibles Team, das mit seiner langjährigen Erfahrung im Umgang mit Vollholz außergewöhnliche Massivholzmöbel baut", erklärt der geschäftsführende Gesellschafter der Hoftischlerei, Kolja Becker.

Besonderes Augenmerk in diesem „Familienbetrieb" legt der Unternehmer auf den Nachwuchs. Das Thema Ausbildung wird hier in Vollendung gelebt und so fühlen sich auch die jungen Leute im Team pudelwohl. „Uns ist es wichtig, dass unserer Auszubildenden ein Gespür für den Werkstoff Holz entwickeln, Vertrauen in sich und ihre Fähigkeiten erlangen, um ihr volles Potenzial entfalten zu können und vor allem Freude am Handwerk haben."

Zahlreiche Holzarten darf man in der Werkstatt ansehen, fühlen und auch riechen.

Besonders nachhaltig zeigte sich das Team von der Hoftischlerei im letzten Frühjahr bei einer großen Baumpflanzaktion: zusammen mit einem befreundeten Förster wurden Spitzahorn, Bike, Erle und Roteiche gepflanzt – 250 Bäume. Kolja Becker verrät, dass das Team weiter wachsen soll und eine größere Bleibe für das aufstrebende Unternehmen schon gefunden ist.

DATEN & FAKTEN

Mitarbeiterzahl: 9
Firmensitz: 24143 Kiel
Gründungsjahr: 2014
Gründer: Kolja Becker
Produkte: Vollholz-Möbel
Internet: www.hoftischlerei.de
Lieblingstätigkeit: Traditionelle Holzverbindungen, Rahmentür mit Schlitz und Zapfen

Leistung aus Leidenschaft

Wienker & Terdenge GmbH

Bernd Terdenge und Julia Terdenge

„Leistung aus Leidenschaft" – wenn man die Wienker & Terdenge GmbH in aller Kürze beschreibt, trifft diese Formulierung genau den Kern. Das Unternehmen aus Münster hat sich seit der Gründung 1995 zu einem bedeutenden Spezialisten in der Kälte-, Klima- und Lüftungstechnik entwickelt. Das geschah nicht automatisch, sondern ist das Ergebnis harter Arbeit, großen Sachverstands und eingespielten Teamworks. „Etabliert haben wir uns durch eben diese Leidenschaft", greift Inhaber Bernd Terdenge das wichtigste Wort heraus. „Wenn der Chef für das, was er täglich tut, brennt, spüren das die Mitarbeiter und die Kunden auch." Diese Hingabe zeigt sich in der Planung, der Ausführung wie auch im Service des Unternehmens.

Mit einem 50-köpfigen Team kann die Wienker & Terdenge GmbH einiges bewegen. „Wir bedienen Privat- wie auch Gewerbekunden aller Größenordnungen und realisieren gemeinsam viele sehr spannende Projekte." Das Unternehmen bietet die ganze Bandbreite möglicher Lösungen an, individualisiert für den Bedarf und Wunsch der Kunden, zu denen auch prominente Adressen gehören. So arbeitet die GmbH aktuell mit an der neuen, besonderen Meranti-Halle für den Allwetter-Zoo Münster.

Terdenge betont, dass all jene Leistung nicht ohne sein Team möglich wäre. „Wir stehen zusammen, das bedeutet mir sehr viel." Auch sein Team weiß, warum sie in dem Handwerksunternehmen arbeiten: „Der Chef ist immer ansprechbar und gesprächsbereit", „die flachen Hierarchien machen hier viel möglich und das Miteinander ist sehr persönlich."

Wird die Leidenschaft von Bernd Terdenge und seinem Team mit der Zukunft verknüpft, dann folgt daraus die Nachfolge. Julia Terdenge absolviert derzeit ihren Master, arbeitet aber als Nachfolgerin schon fleißig im Unternehmen mit. Bernd Terdenge: „Ich habe etwas aufgebaut, was sie erfolgreich weiterführen kann. Das ist ein sehr schönes Gefühl." Er vertraut der weiblichen Nachfolge im Handwerk vollkommen.

Wenn der Chef für das, was er täglich tut, brennt, spüren das die Mitarbeiter und die Kunden auch.

Das Vater-Tochter Gespann möchte durch das Miteinander etwas bewegen und schaffen. „Das Handwerk soll vor, während und durch die Ausbildung wieder an Ansehen und Begeisterung gewinnen", sagt Julia Terdenge bei dem Blick in die Zukunft. „Unsere Unternehmensleistung kommt aus dem Herzen und so möchten wir auch weiterhin arbeiten", sagen beide abschließend.

DATEN & FAKTEN

Mitarbeiterzahl: 51
Firmensitz: 48159 Münster
Gründungsjahr: 1995
Gründer: Peter Wienker, Bernd Terdenge
Heutige Leitung: Bernd Terdenge
Produkte: Klimaanlagen, Lüftungsanlagen, Wärmepumpen, Kaltwassersätze, Kühlanhänger
Internet: www.wienker-terdenge.de

Mit Leidenschaft zur Perfektion!

Lein Design GmbH

„Mein Haus, mein Auto, mein Boot" – wer erinnert sich nicht an diesen Slogan eines bekannten Geldinstituts, der vor einigen Jahren regelmäßig über die Bildschirme flimmerte. Er kam sehr gut an, wurde sogar zu einem geflügelten Wort. Man benutzt ihn zuweilen, wenn man deutlich machen will, dass es jemand geschafft hat, symbolisiert durch drei materielle Errungenschaften, die gemeinhin als besonders erstrebenswert gelten. Wer über das nötige Geld verfügt, könnte bei zwei dieser drei Dinge vielleicht Unterstützung durch die Lein Design GmbH gebrauchen. Sie ist auf Luxus-Ausbauten spezialisiert, und das sowohl „zu Lande" als auch „zu Wasser".

„Wir sind ein Tischler- und Malerbetrieb, der schwerpunktmäßig im Superyacht- und Residenz-Ausbau tätig ist", erläutert Dieter D. Lein, der das Unternehmen 2004 gründete. Sitz der Lein Design GmbH ist Altenstadt. Von dort aus operieren Dieter D. Lein und sein insgesamt 16-köpfiges Team bundesweit. Das Wort „Design" im Firmennamen deutet darauf hin, dass es den Altenstädtern um außergewöhnliche Gestaltung geht. „Wo die Leidenschaft für Funktion und perfekte Gestaltung sich verbinden, liegt die Wurzel für optimales Design", erklärt der Firmenchef sein Verständnis von bestmöglicher Gestaltung. „Von der Liebe und Leidenschaft für Gestaltung angetrieben, folgte die Ausrichtung auf Interior Design."

Häufig kommen bei Lein Design auch außergewöhnliche Materialien zum Einsatz. „Wir verarbeiten sehr häufig Materialien, die am Markt erst Jahre später bekannt werden", erklärt Dieter D. Lein, ohne Einzelheiten zu verraten. Nur so viel: „Einen besonderen Stellenwert hat auch die technische Ausstattung. Beleuchtung und Haussteuerung sind zurzeit ein großes Thema. Dabei versuchen wir auch Unmögliches möglich zu machen." Bei der Realisierung der Projekte arbeitet die Lein Design GmbH immer mit denselben Geschäftspartnern zusammen. „Die wissen, wie wir ticken", nennt Dieter D. Lein den Grund. Meistens, so seine

Wo die Leidenschaft für Funktion und perfekte Gestaltung sich verbinden, liegt die Wurzel für optimales Design.

Erfahrung, möchten die Kunden nur mit einer Person Kontakt haben. Sie kümmert sich um alles, die anderen bleiben im Hintergrund. Nach konkreten Projekten gefragt, verweist er auf das Stillschweigen, das in der Regel mit den Kunden vereinbart wird. Kein Geheimnis sei dagegen der Slogan, den sein Unternehmen verinnerlicht hat: „Mit Leidenschaft zur Perfektion!"

DATEN & FAKTEN

Mitarbeiterzahl: 16
Firmensitz: 89281 Altenstadt
Gründungsjahr: 2004
Name Gründer: Dieter D. Lein
Produkte: Luxus-Ausbauten
Internet: www.leindesign.de

Schubladen Massivholz mit handwerklicher gezinkter Eckverbindung

Wenn Kunden etwas Besonderes suchen, Spitzen-Handwerker mit hohem Designanspruch, dann sind sie bei uns absolut richtig.

schöpker
holz-wohn-form

Martin und Sven Schöpker mit Mitarbeitern

Erstklassige Qualität, individuelle Möbel und schnelle Fertigung – dafür steht die Tischlerei Schöpker seit mehr als 100 Jahren. Heute führen Martin Schöpker und sein Sohn Sven das münsterländische Traditionshaus in dritter bzw. vierter Generation. Sie haben es seit 2010 konsequent neu ausgerichtet auf den gehobenen Innenausbau und Kompletteinrichtungen. Das hat sich als kluge und weitsichtige Weichenstellung erwiesen.

Schöpkers führen ihre Markterfolge auf ein besonderes Plus zurück: „Wir machen nicht nur Möbel, wir denken in Raumkonzepten, lassen uns von Räumen inspirieren und finden genau die Lösungen, die zu unseren Kunden passen." Und das nicht nur für Schlafzimmer, Wohnzimmer, Küchen und Bäder, sondern auch für Büros, Praxen und Kanzleien. Martin Schöpker ist sich sicher: „Wenn Kunden etwas Besonderes suchen, Spitzen-Handwerker mit hohem Designanspruch, dann sind sie bei uns absolut richtig."

Das Stammhaus befindet sich derzeit noch im Norden Emsdettens, im Sommer wird ein neues Domizil im Süden der Stadt bezogen. „Dann sind wir auch eine der modernsten Tischlereien Deutschlands", sagt Sven Schöpker selbstbewusst voraus.

Wer sehen will, was Schöpkers können, kann das auch am Kreativkai im Münsteraner Hafen tun. Gemeinsam mit den Partnern der „Raumfabrik" zeigt man dort eindrucksvoll, wie Architektur, Planung und Handwerk ideal zusammenwirken – mit Gewinn für alle. Sven Schöpker ist Initiator und Motor dieses innovativen Handwerker-Netzwerkes. Zusammen mit Spezialisten z. B. aus den Bereichen Kaminbau und Audio-Video können aus einer Hand ganzheitliche Raumlösungen angeboten werden, die weit über das Thema Holz hinausgehen.

Wir machen nicht nur Möbel, wir denken in Raumkonzepten und finden genau die Lösungen, die zu unseren Kunden passen.

Davon profitieren viele Kunden. Die stehen mit ihren Wünschen und Ideen für die Schöpkers immer im Mittelpunkt: „Wir arbeiten so, als wenn wir unsere eigenen Räume gestalten würden, und sind erst zufrieden, wenn unsere Kunden zufrieden sind." Das Team Schöpker kümmert sich um alles – um Beratung, Planung, Fertigung und Montage. Geschäftsführung, Innenarchitekten, Planer und Tischler arbeiten in jeder Projektphase eng zusammen, alle mit größter Sorgfalt, Präzision und Zuverlässigkeit. Und alle freuen sich auf den emotionalen Schlussstein eines jeden erfolgreichen Projektes: das Lächeln der Kunden bei der Endabnahme.

DATEN & FAKTEN

Mitarbeiterzahl: 20
Firmensitz: 48282 Emsdetten
Gründungsjahr: 1920
Leitung: Martin und Sven Schöpker
Internet: www.schoepker.de
Lieblingstätigkeit: Hochwertiger Innenausbau für den Privatbereich

Bauen mit den Besten!

Weidemann + Schillings Bau GmbH

Bauen mit den Besten – so selbstbewusst überschreiben Florian Schillings und Andre Weidemann den Internetauftritt ihres gemeinsamen Bauunternehmens. Schon bei der Gründung im Jahre 2008 war es ihr erklärtes Ziel, dem Wettbewerb immer einen Schritt voraus zu sein – vorausschauend und reaktionsschnell. Die inzwischen realisierten 320 Projekte zeigen eindrucksvoll, dass ihnen dies mit einigem Erfolg gelungen ist. Sie haben sich am Markt den Ruf eines sehr zuverlässigen Partners für anspruchsvolle Bauprojekte unterschiedlichster Art erarbeitet. Dazu zählen Wohnkomplexe und Pflegeheim-Einrichtungen sowie Ein- und Mehrfamilienhäuser.

Auf der Referenzliste ganz oben steht das 2015 fertiggestellte Hammersen-Viertel, ein auch überregional bekanntes Mehrgenerationen-Quartier in Bocholt. Weitere außergewöhnliche Projekte aus Weidemann + Schillings Sicht sind das innovative Verwaltungsgebäude der Stadtwerke Rhede und die Amalien-Galerie im niederrheinischen Alpen.

Besonders stolz sind Weidemann + Schillings auf die deutlich unter dem Branchendurchschnitt liegenden Bauzeiten. „Das ist für jeden Bauherren sehr wichtig und deshalb für uns ein überzeugendes Argument im Kundengespräch." Möglich machen das eine sehr konsequente Projektplanung und eine erstklassige Mannschaft, die für qualitativ hochwertige Arbeit steht. Das Durchschnittsalter des inzwischen 62-köpfigen Teams ist sehr niedrig. „Wir sind jung, dynamisch, geben jeden Tag 100 % und halten, was wir versprechen."

Das Unternehmen legt seit jeher sehr großen Wert auf eine offene und ehrliche Kommunikation mit allen Projektbeteiligten. Auch hier wird man in Zukunft noch besser werden. Helfen wird dabei ein selbstentwickeltes Kommunikationstool, eine Daten-Plattform, auf der Auftraggeber,

Wir sind jung, dynamisch, geben jeden Tag 100 % und halten, was wir versprechen.

Banken und Bau-Team sich jederzeit aktuell über ein Projekt informieren können. Die interne Testphase ist fast abgeschlossen. Wenn das neuartige Instrument sich auch im Alltag bewährt hat, ist für Weidemann + Schillings ein Verkauf an andere Bauunternehmen nicht ausgeschlossen: „Warum nicht? Der Bedarf wird groß sein."

DATEN & FAKTEN

Mitarbeiterzahl: 62
Firmensitz: 46414 Rhede
Gründungsjahr: 2008
Gründer und Geschäftsführer: Florian Schillings, Andre Weidemann
Internet: www.weidemann-schillings.de
Lieblingstätigkeit: Einfach nur entwickeln und bauen

Traditionelles Handwerk hat bei Mayr & Söhne immer noch eine große Bedeutung – trotz modernem Maschinenpark.

Es muss sich echt anfühlen!

Mayr & Söhne

Eva Mayr

Es muss sich echt anfühlen! Mayr & Söhne stehen für hochwertigen Innenausbau aus einer traditionsreichen Schreinerei in fünfter Generation – vollumfänglich nachhaltig – und für eine Unternehmenskultur, die an Authentizität und Qualität kaum zu übertreffen ist.

Seit 150 Jahren fertigt Mayr & Söhne für Kirchen und Klöster der Region langlebiges Inventar, insbesondere Kirchenbänke und Böden aus Massivholz. Heute steht die Restauration von Kirchenbänken im Vordergrund. „Besondere Freude macht es, Bänke zu restaurieren, die mein Uropa oder sogar sein Vater gefertigt haben", sagt die Geschäftsführerin Eva Mayr. Denkmalgeschützte Kirchen und Klöster zu renovieren, gehört nach wie vor zu den Herzensprojekten der Schreinerei.

Mit dem Neubau der Schreinerei hat sich die Produktpalette durch den Einsatz modernster Fertigungstechnik deutlich erweitert. Wenn Räume neuen Anforderungen angepasst werden müssen, beispielsweise ein neues Homeoffice, sind Mayr & Söhne zur Stelle. Die Raumkonzepte werden mit dem Kunden funktionell und kreativ geplant und als innovative Möglichkeit bietet das Unternehmen an, den digital gestalteten Raum oder das Möbelstück per Augmented Reality zu erleben. Im gehobenen Innenausbau kommt die ganze Bandbreite der firmeneigenen Fachkompetenz zum Einsatz. Architekten erfreuen sich einer sauberen Handwerkskunst, durch die selbst die individuellste Konzeption fachgerecht umgesetzt werden kann. „Die Möbel müssen sich genauso gut anfühlen, wie sie aussehen, und die Kunden müssen glücklich sein."

Selbstverständlich spielt Nachhaltigkeit im gesamten Unternehmen eine große Rolle. Die hauseigene PV-Anlage produziert mehr Strom, als der Betrieb verbraucht, obwohl mittlerweile die Hälfte der Fahrzeugflotte Strom tankt. Alle Betriebsgebäude und die Holztrocknungsanlagen werden mit der aus Produktionsresten erzeugten Wärme geheizt. Um die heimischen Wälder und Biodiversität zu stärken, hat der Betrieb 2022 über 500 Bäume gepflanzt, denn bei Mayr & Söhne setzt man auf gelebte Verantwortung.

Die Möbel müssen sich genauso gut anfühlen, wie sie aussehen, und die Kunden müssen glücklich sein.

Die Handwerkskammer verlieh dem Unternehmen jüngst die Auszeichnung Top-Ausbilder 2023. Die Azubis lernen hier selbstständig als Handwerker zu denken und zu arbeiten. Alles verknüpft mit der hauseigenen Begeisterung für das Holz, das sie tagtäglich bearbeiten.

DATEN & FAKTEN

Mitarbeiterzahl: 14
Firmensitz: 88477 Schwendi
Gründungsjahr: 1869
Gründer & Geschäftsführer: Eva Mayr und Franz Mayr
Internet: www.mayrundsoehne.de
Lieblingstätigkeit: Gehobener Innenausbau Einfamilienhäuser und Renovierung von Kirchen

Wir sind überzeugt von dem, was wir mit den hochwertigen Baustoffen erzielen können.

Putz Stuck & Design Scholer GmbH

Mirko Mackeben

Traditionelle Handwerkskunst trifft Moderne. In einer spezialisierten Branche immer noch einzigartig zu sein, gelingt Geschäftsführer Mirko Mackeben vorzüglich. Durch eine unverwechselbar authentische Haltung zum ehrlichen Handwerk mit hochwertigen Öko-Baustoffen zeichnet sich der Stuckateur aus. Vor vier Jahren übernahm der heutige Geschäftsführer das Ruder, flotte Sprüche stehen aber schon immer auf dem Programm: „Nimm den Putz von Scholer und du fühlst dich wohler!"

Wer hier eine Handwerksleistung in Auftrag gibt, kann sich einer sauberen Ausführung sicher sein. Bei manch einer komplexen Sanierung kann es beratungsintensiv werden, da alle Fakten vor der Umsetzung auf den Tisch kommen. Durch diese ehrliche und herzliche Haltung braucht es keine aufwendigen Marketingtricks. Mund-zu-Mund-Propaganda beschert dem gefragten Handwerker die meisten Aufträge: „Überzeugung kommt von der Wahrheit darüber, was wir mit den hochwertigen Baustoffen beim Kunden erzielen können."

Mithilfe atmungsaktiver Wände wird eine wohngesunde Raumatmosphäre geschaffen. Bei Allergikern ist das besonders beliebt und dient gleichzeitig als eine solide Anti-Schimmel-Vorsorge. Fugenlose Böden und Bäder mit mineralischen Produkten sind darüber hinaus stark gefragt. Durch ökologische Spanndecken, die rasch eingezogen sind, wird das Hauptportfolio des Betriebs abgerundet.

Baustoffe wie Kalk- oder Lehmputz mit jahrtausendelanger Tradition sind gesund und langlebig. Durch die Mitgliedschaft im Dachverband Lehm ist der Betrieb im Bereich Lehmbau immer fachlich auf dem neuesten Stand.

Als Exklusivvertreiber für den Kalkputzproduzenten Arti Decorative und Premiumpartner des Spanndeckenproduzenten Ciling (u. a.) stehen dem Kunden beste Öko-Baustoffe zur Verfügung.

Es ist unser Ziel, für unsere Kunden wohngesundes Klima zu schaffen und dadurch ihre Lebensqualität zu verbessern.

Die leidenschaftliche Hingabe bemerkt man speziell bei Herzensprojekten wie der Restaurierung des Waldhotels Sonnora. Dort wurde ein qualitatives Ambiente in neuem Design geschaffen – oder besser gesagt „geputzt". Natürlich ist jeder Auftrag eine Herzenssache, doch manche bleiben besonders im Gedächtnis. So überrascht es kaum, wie glücklich die Kunden mit den atmungsaktiven Wänden sind.

DATEN & FAKTEN

Mitarbeiterzahl: 17
Firmensitz: 54346 Mehring
Gründungsjahr: Unternehmen 35 Jahre alt / vor 4 Jahren übernahm M. Mackeben
Gründer & Geschäftsführer: Mirko Mackeben
Internet: www.psd-scholer.de
Lieblingstätigkeit: Atmungsaktive Wände, fugenlose Böden & Bäder, Spanndecken

Handwerkstradition, vereint mit künstlerischen Visionen

Raumaustatter Vonderschmitt

Andreas Vonderschmitt

Seine Kunden suchen das Einzigartige, das Unvergleichbare. Sie kommen mit Ideen oder erzählen von Dingen, die sie auf ihren Reisen gesehen haben. Geben Impulse, die sie in ihren Räumen umgesetzt sehen möchten. Andreas Vonderschmitt ist Meister darin, Räume zu erspüren und zu verstehen, welche Strukturen die Wandoberflächen benötigen, damit dieser Ort zu einer Wohlfühloase wird.

Mit Empathie, Kreativität und auf Basis hoher handwerklicher Fähigkeiten erfüllt er die Wünsche seiner Kunden und erntet dafür das Leuchten in ihren Augen, wenn sie die Ergebnisse sehen. Seine Leidenschaft liegt darin, Oberflächen zu erschaffen, in denen sich Menschen geborgen fühlen. Oberflächen, die einen „Wow-Effekt" erzeugen. Er strebt danach, Harmonie in Räume zu zaubern und das Gefühl von Wohlbehagen zu vermitteln.

Andreas Vonderschmitt hat die Fähigkeit, Räume auf eine besondere Art zu gestalten: fein strukturierte Oberflächen, rustikal mit einem Hauch von Extravaganz, altes Material neu interpretiert, vergessene Wandschmucktechniken modern übersetzt. Unter seinen Händen bekommt selbst Rost, der für viele nur eine hässliche Alterserscheinung ist, eine unvergleichlich zarte Ausstrahlung. Wenn er gestaltet, fügt sich jedes Material ergeben seinem handwerklichen Geschick. Die Natur ist eine der wichtigsten Inspirationsquellen, so wie Nachhaltigkeit dessen, was er verarbeitet, ihm ein besonderes Herzensanliegen ist.

Der Unternehmer versteht es, die Essenz dessen, was Kunden suchen, einzufangen und in künstlerischer Weise zum Leben zu erwecken. Was er tut, lässt sich mit dem herkömmlichen Handwerk eines Malers oder Raumausstatters nicht vergleichen, auch wenn textile Gestaltung ebenfalls zum Portfolio gehört.

Vonderschmitt hat beides von Grund auf gelernt, ist Malergeselle und Raumausstatter. Die Zeit seit Unternehmensgründung 2007 hat beide Welten miteinander verschmelzen lassen und es ist eine neue Form der Oberflächengestaltung entstanden. Seine unverwechselbare Handschrift gibt er weiter, begeistert Mitarbeiter und vor allem junge Menschen für diese Wandkunst.

Verzauberte Oberflächen: Wenn Räume zu außergewöhnlichen Gesamtkunstwerken werden.

Er und sein hochkarätiges Team machen jeden Raum zu einem Gesamtkunstwerk. Liebevoll werden fugenlose Oberflächen mit zeitlosen Designelementen kombiniert, sei es für den eleganten Boden eines Badezimmers, die schlichte Küche oder für Wohnräume, deren Optik auf ein exklusiveres Level gehoben wird. Wer mehr sehen möchte, lässt sich von den atemberaubenden Beispielen auf Instagram „0815_war_gestern" verzaubern.

DATEN & FAKTEN

Mitarbeiterzahl: Geschäftsführer und ein Mitarbeiter
Firmensitz: 64409 Messel
Gründungsjahr: 2007
Gründer & Geschäftsführer: Andreas Vonderschmitt
Internet: www.raumausstatter-vonderschmitt.de
Lieblingstätigkeit: Raumoberflächen individuellster Art

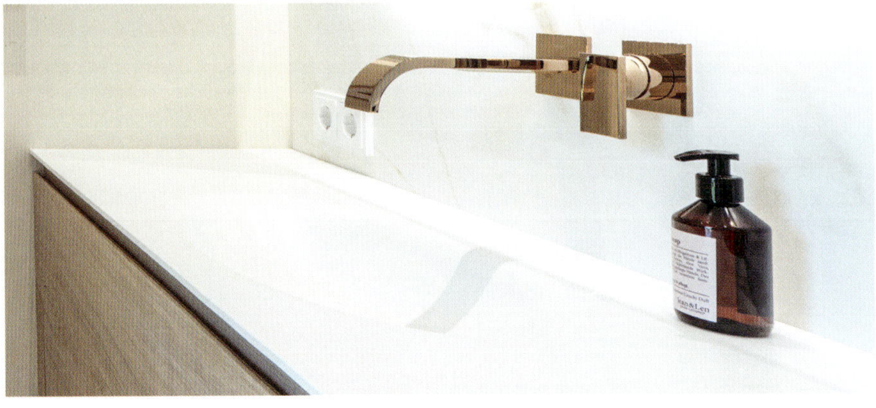

Badezimmer zum Wohlfühlen und Heizsysteme mit Zukunft.

Sinning Haustechnik GmbH

Armin Sinning

Badezimmer zum Wohlfühlen und Heizsysteme mit Zukunft – das sind die Spezialitäten der Sinning Haustechnik GmbH, die seit 2010 die Heizungs- und Sanitär-Branche von Mödingen aus bereichert. Anfangs stark im Heizungs- und Wärmenetzbau tätig, sind mittlerweile beide Abteilungen ausgeglichen, sodass der Chef des Unternehmens, Armin Sinning, mit Fug und Recht sagen kann, dass er ein absoluter Fachmann auf beiden Gebieten ist.

„Im Heizungsbereich haben wir uns verständigt, möglichst 100 Prozent erneuerbare Technologien einzusetzen; hierfür stehen wir in der Verantwortung gegenüber unserer Natur und unseren Nachkommen", macht Armin Sinning deutlich, worauf es heutzutage vor allem ankommt. Als zertifizierter Klimacoach steht für ihn der Kunde und der „passende Maßanzug" für dessen Gebäude im Vordergrund. Bei den Badezimmern setzt die Sinning Haustechnik GmbH auf Industriepartner, die eine nachhaltige und umweltfreundliche Philosophie verfolgen. Die Trends der Zeit zu verwirklichen, ist für ihn eine Grundeinstellung. Angesprochen würden dabei „das gewisse Besondere" und „die Liebe zum Detail". „Wir nehmen unsere Kunden bei ihren Projekten an die Hand und begleiten sie von Anfang bis Ende", erläutert Armin Sinning. Das typische Handwerker-Klischee gelte für seinen Betrieb jedenfalls nicht. „Im Gegenteil, wir sind pünktlich, zuverlässig und ordentlich!"

Konkrete Projekte, die das alles widerspiegeln, hat die Sinning Haustechnik GmbH in letzter Zeit reichlich gehabt. Als Beispiel nennt der Chef einen Auftrag, bei dem ein bestehendes Wohnhaus im bewohnten Zustand umgebaut und gleichzeitig ein hochwertiger Neubau angebaut worden sind. Hier führte die Sinning Haustechnik GmbH zusammen mit Netzwerkpartnern die sanitäre Installation mit hochwertigsten Materialien und die Einrichtung der Badezimmer aus. Das hocheffiziente Heizsystem mit Anbindung an die Schwimmbadtechnik und die geräuschlose Klimatisierung rundeten das Projekt ab. Sein Erfolgsrezept fasst Armin Sinning noch einmal so zusammen: „Weil wir ein durchgängig positives Kauferlebnis vom Erstkontakt bis zu Übergabe garantieren. Wir treten

Der Kunde und sein „passender Maßanzug" stehen für den zertifizierten Klimacoach im Vordergrund.

als Komplettanbieter und Spezialist auf und realisieren die Modernisierungsvorhaben aus einer Hand zusammen mit den besten Netzwerkpartnern aus der Region. Nicht nur das Badezimmer kommt bei uns aus einer Hand, auch das moderne und nachhaltige Heizsystem mit Zukunft."

DATEN & FAKTEN

Mitarbeiterzahl: 15
Firmensitz: 89426 Mödingen
Gründungsjahr 2010
Name Gründer: Armin Sinning
Produkte: Badezimmer zum Wohlfühlen und Heizsysteme mit Zukunft
Internet: www.sinning-haustechnik.de
Lieblingstätigkeit: Kunden begeistern

Das Erfolgsrezept: Beratung auf Augenhöhe und gute Planung

Felber – Die Raumgestalter

Florian Hannig

Wer sich über die Felber – Die Raumgestalter informieren will, stößt schnell auf einen bunten Strauß positiver Adjektive. „Wohlfühlen" und „elegant" heißt es da zum Beispiel, wenn es um die Leistungen des in Hartheim am Rhein ansässigen Betriebes geht, oder auch „zeitlos" und „exklusiv". Auf jeden Fall machen sie Lust auf einen genaueren Blick hinter die Kulissen. Klassische Malerarbeiten, Wanddruck, fugenlose Bäder und Böden sowie exklusive Wandgestaltungen sind die Bereiche, in denen Geschäftsführer Florian Hannig und seine acht Mitarbeiter tätig sind. Und das mit beständigem Erfolg.

„Wir haben hier in der Region einen äußerst guten Ruf", berichtet Florian Hannig stolz. Das liegt sicher auch an der ungewöhnlich langen Historie, die schon 1878 begann. Damals gründete Otto Felber in Wehr/Baden das Unternehmen. Ende der 1990er-Jahre wurde Felber zur GmbH, und mit der Übernahme durch die Eheleute Sienert erfolgte dann 2001 der Umzug nach Hartheim am Rhein. Dort führte Maria-Luise Sienert nach dem Tod ihres Mannes die Firma zunächst allein weiter, kümmerte sich aber bald schon um eine reibungslose Nachfolge. Diese trat Florian Hannig 2016 direkt nach erfolgreicher Meisterprüfung an. Er wird dabei weiterhin durch Maria-Luise Sienert unterstützt.

Wanddruck und fugenlose Bäder und Böden mache er am liebsten, verrät Florian Hannig, weist aber im selben Atemzug darauf hin, dass er die übrigen Tätigkeitsbereiche natürlich genauso gewissenhaft und professionell erledigt. Seine Kunden – das sind mehrheitlich Privatkunden, aber auch Unternehmen und Hausverwaltungen – schätzen die Beratung auf Augenhöhe und die gute Planung. Seine weiteren Pluspunkte: die ganzheitliche Betrachtung eines Projekts/Objekts, die transparente Kommunikation und nicht zuletzt das zukunftsorientierte Handeln. Letzteres

Ich bin überzeugt, dass moderne mineralische Farben die Zukunft, insbesondere unsere Zukunft sind.

kommt zum Beispiel darin zum Ausdruck, dass er seit 2017 versucht, komplett auf mineralische und wohngesunde Produkte zu setzen. „Ich bin überzeugt, dass moderne mineralische Farben die Zukunft, insbesondere unsere Zukunft sind", betont Florian Hannig ganz selbstbewusst und ist sich sicher, dass die Felber GmbH den bisherigen fast 150 Jahren ihres Bestehens noch viele weitere erfolgreiche Jahre folgen lassen wird.

DATEN & FAKTEN

Mitarbeiterzahl: 9
Firmensitz: 79258 Hartheim am Rhein
Gründungsjahr: 1878
Geschäftsführer: Florian Hannig
Produkte: Klassische Malerarbeiten, Wanddruck, fugenlose Bäder und Böden, exklusive Wandgestaltung
Internet: www.maler-felber.de
Lieblingstätigkeit: Wanddruck und fugenlose Bäder und Böden

Wie jeder Mensch, der mit seinen Händen etwas Bleibendes schafft, sind wir stolz auf unsere Arbeit.

Clemens Bedachungen

Josef Clemens

„Meisterdächer aus Olpe“ – mit diesen drei Worten ist eigentlich schon das Wesentliche, den Handwerksbetrieb Clemens Bedachungen betreffend, beschrieben. Doch ein bisschen näher sollten wir dieses Unternehmen doch betrachten, denn es hat einige Besonderheiten zu bieten, die genauer beleuchtet werden müssen. Gehen wir chronologisch vor:

Am 18. Mai 1960 gründete Josef Clemens in Olpe den heutigen Dachdeckerbetrieb. Der Zeitpunkt war günstig gewählt, nicht zuletzt durch den neu aufgestauten Biggesee und die damit verbundenen Um- und Neuansiedlungen. Das hatte einen großen Bedarf an Leistungen des Bauhandwerks zur Folge. Im Laufe der folgenden fast vier Jahrzehnte vergrößerte Josef Clemens die Firma Stück für Stück und trug auch den erweiterten Bedürfnissen nach höheren Lagerkapazitäten Rechnung. Ende der 1980er-Jahre stieg mit Sohn Frank Clemens der heutige Firmeninhaber in den Familienbetrieb ein. Das stetige Wachstum und das dadurch immer breiter aufgestellte Leistungsangebot machte 1993 einen Wechsel an den heutigen Standort unumgänglich. Dort stehen seitdem großzügige Lager- und Produktionsflächen zu Verfügung, die zum Beispiel auch eine schnelle Reaktion bei unvorhergesehenen Ereignissen wie Wind-, Blitz- oder Hagelschäden ermöglichen – zweifellos ein besonderes Plus des Unternehmens. Im Laufe der Zeit kam mit der Produktion von Metall-Kantteilen ein weiteres Aufgabenfeld hinzu. Mit der Übertragung der Firma auf seinen Sohn Frank verabschiedete sich Josef Clemens 1997 aus dem aktiven Dienst.

Die gute Auftragslage und die exzellente Arbeit der Firma Clemens führten also zum steten Ausbau des Leistungsportfolios, zu dem – im Zuge des Wandels auf dem Energiesektor – immer häufiger auch Photovoltaik-Anlagen gehören. „Kundenzufriedenheit durch erstklassige Materialien und höchste handwerkliche Qualität“, beschreibt Frank Clemens seinen Anspruch, dem er und seine elf Mitarbeiter bei jedem Auftrag gerecht werden wollen. „Und“, fügt er hinzu, „wie jeder Mensch, der mit seinen Händen etwas Bleibendes schafft, sind wir stolz auf unsere Arbeit und stolz auf unser Team!“

Kundenzufriedenheit durch erstklassige Materialien und höchste handwerkliche Qualität.

DATEN & FAKTEN

Mitarbeiterzahl: 11
Firmensitz: 57462 Olpe
Gründungsjahr: 1960
Gründer: Josef Clemens
Leitung heute: Frank Clemens
Produkte: Dacheindeckung, Schieferarbeiten, PV-Anlagen, Metall, Klempnerarbeiten, Fassadenbekleidungen
Internet: www.meisterdaecher.com
Lieblingstätigkeit: Energetische Sanierung in einer Hand. Das ganze Dach in einer Hand.

Wir verwenden ausschließlich natürliche, nachwachsende Rohstoffe, nämlich Holz. Unsere Möbel sind keine Wegwerfprodukte. Wir erschaffen also Werke von bleibendem Wert!

Tischlerei Böhmer GmbH & Co. KG

Wenn Alexander Böhmer über sein Handwerk spricht, merkt man, dass er sich seiner Sache sicher ist und genau den richtigen Beruf ergriffen hat. Das erlaubt ihm eine gewisse Zurückhaltung, was seine öffentliche Präsenz betrifft – ablesbar zum Beispiel an den Marketingaktivitäten. Da könnte er in Zukunft noch nachlegen, gesteht er freimütig. Das Geschäft läuft allerdings bislang auch so auf einem sehr zufriedenstellenden Niveau. Das kann nur daran liegen, dass sein Unternehmen exzellente Ergebnisse abliefert und daraus häufig neue Empfehlungen entstehen. Wir reden hier von der Tischlerei Böhmer GmbH & Co. KG mit Sitz in Esterwegen, die sich auf Möbel- und Innenausbau spezialisiert hat. Sie wurde 1990 von Hans Böhmer, dem Vater des heutigen Firmenchefs, gegründet. Der Sohn ist inzwischen zu 50 Prozent beteiligt und trägt die Hauptverantwortung.

Alexander Böhmer hat – wie schon sein Vater – die Erfahrung gemacht, dass es in seinem Geschäftszweig vor allem auf Individualität ankommt. Der Mainstream steht hinten an. „Man muss den Kunden nach seinen speziellen Bedürfnissen bedienen", erläutert er seine Herangehensweise. „Hier ist Beratungskompetenz gefragt, denn der Kunde weiß oft gar nicht, was der Tischler alles kann." Viele Architekturbüros wissen allerdings, zu was die Tischlerei Böhmer alles in der Lage ist. Der direkte Draht ist deshalb häufig Ausgangspunkt für einen neuen Auftrag.

Die Kundschaft besteht gegenwärtig zu einem nicht unerheblichen Teil aus Einrichtungen der öffentlichen Hand. So hat die Tischlerei Böhmer zum Beispiel einige Kitas mit maßgeschneiderten Möbeln ausgestattet. Bei den Geschäftskunden haben sich Arztpraxen und Anwaltskanzleien als Schwerpunkte herauskristallisiert. Die dritte Kundengruppe sind Privatpersonen. „Ein Haus muss nicht extrem groß sein, damit wir möglichst kreativ tätig werden können", räumt Alexander Böhmer mit einem Vorurteil auf. „Oft liegt der besondere Reiz darin, eine kleine Örtlichkeit optimal auszustatten."

Oft liegt der besondere Reiz darin, eine kleine Örtlichkeit optimal auszustatten.

Kein Problem hat Alexander Böhmer übrigens damit, sich in den Mainstream der Nachhaltigkeit einzuordnen. „Wir verwenden ausschließlich natürliche, nachwachsende Rohstoffe, nämlich Holz. Unsere Möbel sind keine Wegwerfprodukte, sondern sie sind besonders langlebig und auch nach vielen Jahren noch reparierbar. Wir erschaffen also Werke von bleibendem Wert!"

DATEN & FAKTEN

Mitarbeiterzahl: 10
Ort: 26897 Esterwegen
Gründung: 1990
Name Gründer: Hans Böhmer
heutige Leitung: Johannes Böhmer
Internet: www.tischlerei-boehmer.de

Erstes Sechsfamilienholzhaus in Bonn und dem Rhein-Sieg-Kreis (2015)

Einfamilienhaus in Troisdorf-Bergheim mit großen Fensterflächen mit Blick auf die Siegauen

Es gibt Häuser, es gibt zu Hause, und es gibt Stocksiefen.

Holzbau Stocksiefen GmbH

Benjamin Stocksiefen

Bei Benjamin Stocksiefen und seinem Team dreht sich fast alles um Holz. Für ihn ist der Holzweg ein Königsweg. Er schreibt Bücher über Holz, er hält Vorträge über Holz und – das vor allem – er und sein Team bauen mit Holz. Er nutzt jede Gelegenheit, mit großer Begeisterung für den Holzbau zu werben, denn er ist fest überzeugt davon, dass der Baustoff Holz noch sehr viel ungenutztes Potenzial hat und einen großen Beitrag leisten kann, die Welt wieder lebenswerter zu machen: „Unser Schöpfer hat uns einen einzigartigen natürlichen Baustoff geschenkt, mit dem man in der heutigen Zeit auch guten Gewissens bauen kann."

Das tun er und sein Team seit vielen Jahren und mit viel Herzblut. Seit dem Frühjahr 2023 führt er alleine in vierter Generation die Holzbau Stocksiefen GmbH in Niederkassel-Mondorf. Die alteingesessene Zimmerei hat in Bonn und im Rhein-Sieg-Kreis einen ausgezeichneten Ruf als zuverlässiger Partner für qualifizierte Holzarbeiten rund ums Haus. Das Stocksiefen-Team verfügt über einen riesigen Erfahrungsschatz aus mehr als 10.000 Holzbauaufträgen.

„Seit über 75 Jahren verwirklichen wir Holzbauprojekte mit einer Leidenschaft, als wären es unsere eigenen vier Wände", so beschreibt Benjamin Stocksiefen das Erfolgsgeheimnis des Familienunternehmens, in dem die vorgelebten Werte seines Vaters Heiner – höchste Qualitätsansprüche und ein sehr persönliches Verhältnis zu den Kunden – gelebte Praxis sind. Das spiegelt sich auch im Internetauftritt des Unternehmens wider. Dort findet man unter der ungewöhnlichen Internetadresse „feelswood.de" den bemerkenswerten Leitsatz: „Es gibt Häuser, es gibt zu Hause, und es gibt Stocksiefen". Dazu gibt es noch einen eigenen YouTube-Kanal, auf dem wertvolle Infos rund um das Thema Bauen mit Holz gegeben werden.

Mit seinem Eintritt ins Unternehmen richtete Benjamin Stocksiefen das Angebotsprofil stärker auf den Bau von Holzhäusern aus. Der Gamechanger war aus seiner Sicht ein Sechsfamilienhaus in Holzbauweise in Mondorf, das auf eine sehr positive Resonanz in Fachwelt und Öffentlichkeit stieß. Damit wurde Stocksiefen zum Holzhausbau-Pionier in seiner Heimatregion. Sein mittelfristiges Ziel ist ambitioniert: „Wir wollen Holz hier zum Baustoff Nummer 1 machen." Nicht nur für ihn ist Holz ein idealer Werkstoff. Er ist nachwachsend, regional verfügbar, wiederverwertbar, leichter als Beton und trotzdem sehr belastbar, gut dämmend und – zumindest für geschulte Fachleute wie die Mitarbeiter von Stocksiefen – leicht zu verarbeiten.

Seit über 75 Jahren verwirklichen wir Holzbauprojekte mit einer Leidenschaft, als wären es unsere eigenen vier Wände.

DATEN & FAKTEN

Mitarbeiterzahl: 12
Firmensitz: 53859 Niederkassel
Gründungsjahr: 1945
Leitung: Benjamin Stocksiefen
Produkte: Holzrahmenhäuser – Anbauten – Aufstockungen – Dachelemente
Branche: Holzbau/Zimmerei
Internet: www.feelswood.de
Lieblingstätigkeit: Natürlichen Wohnraum bauen

Wertarbeit aus dem Lipperland.

Kramp & Kramp GmbH & Co. KG

Guido Kramp

Bei einem Frankfurt-Besuch ist das ein unbedingtes Muss: Die Goldene Waage und das Dom-Römer-Areal. Dieses einzigartige Rekonstruktionsprojekt ist ein echter Hingucker. Damit die „Neue Frankfurter Altstadt" wieder so begeistern kann wie früher, mussten viele erfahrene Handwerker ihr Bestes geben. Unter ihnen waren auch Restauratoren, Tischler, Zimmerer, Maler und Maurer aus dem Team von Kramp & Kramp.

Bei den Altbauspezialisten aus Lemgo-Lieme sind historische Bauten in allerbesten Händen. Burgen, Schlösser, Klöster und Fachwerkhäuser zu sanieren oder zu restaurieren ist eine anspruchsvolle Aufgabe, der sich Guido Kramp und seine Mannschaft gerne stellen. Zusammen mit seiner Tochter Stefanie führt er das von seinem Vater 1964 gegründete Unternehmen. Ihre gemeinsame Mission: „Wir wollen mit hoher Arbeitsqualität und großer Leidenschaft Werte erhalten und Werte schaffen." Mit dieser „Wertarbeit aus dem Lipperland" hat man sich deutschlandweit einen exzellenten Ruf erarbeitet und gehört heute zu den Top 5 in der Branche.

Über 6000 Projekte unterschiedlichster Größe wurden inzwischen erfolgreich realisiert. Die beeindruckende Referenzliste liest sich wie ein Handbuch deutscher Kulturgüter. Auch vor großen und komplexen Vorhaben haben die Spezialisten der Firma Kramp keine Bange. Mit ihren mehr als 100 Mitarbeitern können sie eine Vielzahl von Gewerken „aus einer Hand" anbieten. Ihre erfahrenen Tischler, Maurer, Zimmerer, Maler und Lackierer und Glaser beherrschen alle notwendigen traditionellen Handwerkstechniken.

Als spezialisierter Fachbetrieb steht Kramp & Kramp von Anfang an als kompetenter Wegbegleiter jedem Projekt bei – egal, ob bei der energetischen Fenstersanierung, dem Restaurieren einer alten Haustür oder der Instandsetzung einer Fachwerkfassade.

Wir wollen mit hoher Arbeitsqualität und großer Leidenschaft Werte erhalten und Werte schaffen.

Auch mit der besonderen Herausforderung einer Sanierung kontaminierter Bauteile ist man hier in den besten Händen. Ausführliche Arbeitsablaufbeschreibungen und Gefährdungsbeurteilungen werden erstellt, um die Gesundheit der Mitarbeiter während der Ausführung der Arbeiten nicht zu gefährden. So werden bei Kramp & Kramp Tradition und Moderne perfekt miteinander verbunden und für jedes Projekt kann aufgrund der Vielzahl der Gewerke das passende Team zusammengestellt werden.

DATEN & FAKTEN

Mitarbeiterzahl: 104
Firmensitz: 32657 Lemgo-Lieme
Gründungsjahr: 1964
Leitung: Guido und Stefanie Kramp
Branche: Altbauten, Restaurierung und Denkmalpflege
Internet: www.kramp-lemgo.de
Lieblingstätigkeit: Werte erschaffen und Werte erhalten

MESKEN – spürbar sicher!

Mesken Tischlerei GmbH

Sven Mesken

In der Tischlerei Mesken in Gütersloh hat höchste Qualität eine lange Tradition. Der Name Mesken steht seit 120 Jahren für individuelle, anspruchsvolle und maßgeschneiderte Handwerksarbeit rund um Fenster, Türen und Sicherheitstechnik. Mit Sven Mesken steht heute bereits die vierte Generation in Verantwortung. Zusammen mit seinen Eltern Hermann und Annette Mesken führt er das Familienunternehmen weiterhin mit einem klaren Kundenversprechen: „Wir schaffen Ihnen ein komfortables und gleichzeitig sicheres Zuhause." Für die Qualitätsarbeit und den Rund-um-Service gibt es bei Stamm- und Neukunden regelmäßig Bestnoten. Die über 680 Kundenbewertungen im Portal qih (Qualität im Handwerk) zeigen im Durchschnitt die Note sehr gut. Darauf ist das Team Mesken zu Recht stolz.

Das Familienunternehmen begleitet seine Kunden kompetent, kreativ und engagiert von der ersten Idee bis zum fertigen Projekt. In den 120 m^2 großen Ausstellungsräumen können Kunden Mesken-Produkte hautnah erleben und sich ein gutes Bild davon machen, wie Türen, Fenster, Verglasungen oder Raumlösungen aussehen können. Zusammen mit dem qualifizierten Beraterteam werden die Ideen dann verfeinert und schließlich mit modernster Fertigungstechnik produziert.

Hermann Mesken war es seit jeher ein besonderes Anliegen, Einbrechern das Handwerk zu erschweren. Er war Mitbegründer der bundesweit ersten Schutzgemeinschaft und legte damit den Grundstein für die heutige Philosophie des Unternehmens: „MESKEN – spürbar sicher!" Jede Lösung wird geplant, um dem Kunden den größtmöglichen Nutzen an Komfort und Sicherheit zu gewährleisten.

Das wertvollste Kapital sind für Sven Mesken die Mitarbeiter, viele von ihnen sind seit Jahrzehnten im Unternehmen und bringen ihr Fachwissen und ihre Erfahrung in jedes Projekt ein. „Wir legen großen Wert auf eine gute, familiäre Arbeitsatmosphäre und tun sehr viel dafür, unsere handwerkliche Kompetenz und Professionalität auf Top-Niveau zu halten."

Unsere Kunden können in ihren eigenen vier Wänden entspannen und abschalten, ohne sich Sorgen um Einbrüche oder unerwünschte Vorfälle machen zu müssen. Bei der Beratung spielen neben der Sicherheit auch die Themen Energiesparen und Komfort eine große Rolle.

DATEN & FAKTEN

Mitarbeiterzahl: 10
Firmensitz: 33335 Gütersloh
Gründungsjahr: 1905
Leitung: Hermann und Sven Mesken
Branche: Tischlerei
Internet: www.mesken-gt.de
Lieblingstätigkeit: Exklusive und innovative Haus- und Innentüren aller Art sowie Fenster und Sonderlösungen

Weiß bietet individuelle und hochwertige Bedachungslösungen – nicht nur für Terrassen.

terrassendach-welt.de

Konstantin Weiß

Konstantin Weiß nennt sich selbst Quereinsteiger. Seine Story dazu: Die Suche nach einer passenden Überdachungslösung für seine Terrasse im Jahre 2016 blieb zunächst erfolglos: „Die am Markt verfügbaren Produkte haben mich nicht wirklich überzeugt, da hab ich selber Hand angelegt, auch wenn ich nicht vom Fach war." Gemeinsam mit einem Profilexperten kreierte und realisierte er für sich ein Terrassendach, das genau auf seine Wünsche zugeschnitten war. Das Ergebnis konnte sich sehen lassen, es beeindruckte nicht nur ihn selbst, sondern auch Freunde und Nachbarn. Schnell fanden sich Interessenten, die Weiß beauftragten, auch ihre Terrasse durch eine Bedachung nach seinem Muster aufzuwerten. Der in der Automobilindustrie tätige Ingenieur wurde so ungeplant zum Unternehmer im Nebenerwerb, die Garage wurde zum Materiallager und das Wohnzimmer zum Büro.

Seine selbst entwickelte Problemlösung sprach sich herum, die Nachfrage nahm zu. Schon bald wurde der erste Mitarbeiter eingestellt, der erste Montagewagen gekauft, die erste Messe besucht. In den Folgejahren ging es weiter stetig bergauf. Heute ist die terrassendachwelt.de in Löhnberg nicht nur im Westerwald, sondern auch in ganz Hessen, im Raum Koblenz und weit darüber hinaus eine gesuchte Adresse, wenn es um individuelle und hochwertige Bedachungslösungen für Terrassen geht. Konstantin Weiß und sein junges und dynamisches Team verfügen inzwischen über einen großen Erfahrungsschatz. Mehr als 2500 Projekte mit zusammen über 50.000 Quadratmetern überdachter Fläche wurden seit Gründung realisiert. Dazu zählen neben Terrassen auch Carports, Sommergärten und Markisen. Trägermaterial ist stets Aluminium.

Wir möchten Ihnen zu einem fairen Preis schöne Wohlfühlräume bieten und sind erst dann zufrieden, wenn Sie es sind.

Die Branche ist durch einen heftigen Preiswettbewerb gekennzeichnet. Weiß kann punkten durch eine umfassende Kundenbetreuung, effiziente Arbeitsabläufe, ein modular aufgebautes System und höchste Verarbeitungsqualität. Für Weiß stehen die Kunden und ihre Wünsche absolut im Mittelpunkt: „Wir möchten ihnen zu einem fairen Preis schöne Wohlfühlräume schaffen und sind mit unserer Arbeit erst dann zufrieden, wenn sie es sind." terrassendachwelt.de bietet für seine Witterungsschutzsysteme einen Rund-um-Service von der ersten Idee über Vorplanung, Baugenehmigung und Montage bis hin – wenn gewunscht – zur regelmaßigen Reinigung.

DATEN & FAKTEN

Mitarbeiterzahl: 23
Firmensitz: 35792 Löhnberg
Gründungsjahr: 2017
Leitung: Konstantin Weiß
Produkte: Terrassenüberdachungen – Sommergärten – Carports – Markisen
Internet: www.terrassendachwelt.de
Lieblingstätigkeit: Wir verwirklichen Wohlfühlräume für unsere Kunden

Fassadenkonstruktionen in jeder Ausführung, nach jedem Maß, für jeden Bedarf.

NR Metallbau GmbH

Holger Ingenwepelt und Kerstin Budden

Fenster und Fassaden aus Aluminium sind aus modernen Gebäuden nicht mehr wegzudenken. Gut, wenn man dabei auf einen Spezialisten zurückgreifen kann, der dieses Metier aus dem Effeff beherrscht – und das nicht nur in der Theorie, sondern in vielfach unter Beweis gestellter Praxis. Seit nunmehr fast vier Jahrzehnten steht die NR Metallbau GmbH für Qualität nach Maß im Fenster- und Fassadenbau – nicht nur für Deutschland, sondern auch für die Beneluxländer.

Die Produktpalette umfasst innovative und technisch anspruchsvolle Fassadenkonstruktionen aus Aluminium, Glas und Stahl. Rund 150 qualifizierte Mitarbeiter machen das Unternehmen in Straelen am Niederrhein zu einem kompetenten Ansprechpartner für Architekten, Bauherrn und Generalunternehmer. „In jeder Ausführung, nach jedem Maß, für jeden Bedarf", fügt Kerstin Budden hinzu, die das renommierte Unternehmen gemeinsam mit ihrem Bruder Holger Ingenwepelt führt. Ihr Vater Rudolf Ingenwepelt hatte es 1986 gegründet und auf Wachstumskurs gebracht, den seine beiden Kinder nun mit Erfahrung und Augenmaß fortsetzen.

„Fenster- und Fassadenbau verbunden mit einer eigenen Konstruktion sowie einer Blechbearbeitung", beschreibt Kerstin Budden das Alleinstellungsmerkmal, mit dem ihr Unternehmen am Markt operiert. Dabei sei schon die richtige Planung der Schlüssel zum Erfolg. In den Planungsbüros der Straelener erarbeiten 20 Ingenieure und Techniker in enger Kooperation mit Architekten und Auftraggebern individuelle Lösungen. Daran schließen sich Produktion und Montage an – ebenfalls in Eigenregie. Als ein besonders gelungenes Beispiel aus der jüngeren Vergangenheit nennt Frau Budden die Kinder- und Jugendklinik in Freiburg. Bei diesem Bauvorhaben habe die NR Metallbau GmbH einmal mehr alles geboten, was ein sehr guter Metallbauer können muss. Kerstin Budden: „Seit vielen Jahren stellen wir uns der Herausforderung, innovative und hochmoderne Objekte zu realisieren. Im Vordergrund unserer gleichbleibend hohen Qualität stehen unsere Mitarbeiter, die mit fachlicher Qualifikation und großem Engagement jedes einzelne Projekt zu etwas Besonderem machen."

> **Im Vordergrund unserer gleichbleibend hohen Qualität stehen unsere Mitarbeiter, die mit fachlicher Qualifikation und großem Engagement jedes einzelne Projekt zu etwas Besonderem machen.**

DATEN & FAKTEN

Mitarbeiterzahl: 150
Firmensitz: 47638 Straelen
Gründungsjahr: 1986
Gründer: Rudolf Ingenwepelt
Geschäftsführung: Kerstin Budden, Holger Ingenwepelt
Produkte: Fenster und Fassaden aus Aluminium
Branche: Fenster- und Fassadenbau – Metallbau
Internet: www.nr-metallbau.de
Lieblingstätigkeit: Pfosten-Riegel-Fassaden aus Aluminium

Wir haben für jeden eine individuelle Lösung!

Ulland GmbH

Seit Sommer 2022 gibt es in Ahaus-Alstätte eine besondere Badausstellung „House of Bad & Living", welche man gesehen haben muss. Man sieht sofort: Mit exklusiven Bädern kennt man sich hier allerbestens aus. Hier im äußersten Westen des Münsterlandes empfängt die Ulland GmbH ihre Besucher und zeigt eindrucksvoll, was sie kann und was möglich ist. Christoph Ulland bringt es auf den Punkt: „Wohlfühlbäder zu realisieren, ist unsere besondere Passion." Zusammen mit Dominik Terhaar führt er in zweiter Generation das von seinem Vater Ludger 1978 gegründete Handwerksunternehmen. Vor einigen Jahren ist ein zweiter Standort in Borken eröffnet worden.

Egal, ob eine Teilsanierung oder ein komplett neues Bad, auf dem Weg zum eigenen Traumbad sind die Badprofis von Ulland erstklassige Ratgeber und versierte Umsetzer. Schon im Internetangebot des Unternehmens findet man eine Fülle von interessanten Tipps und Anregungen zur Gestaltung von Bädern aller Größenordnungen und für jedes Budget, auch für ein knappes. Ulland: „Wir lassen auch kleine Bäder glänzen." Auch zu den Themen Barrierefreiheit, Förderungsmöglichkeiten und Finanzierungsmodelle findet man viele Informationen. Ein Bad-Konfigurator und ein Bad-Budgetplaner leisten wertvolle Dienste bei der Vorbereitung eines ersten persönlichen Beratungsgespräches – vor Ort im eigenen Heim oder in den inspirierenden neuen Ulland-Ausstellungsräumen.

Auch wenn sich viel ums Bad dreht, die Ulland GmbH kann weit mehr als das. Das Unternehmen ist sehr breit aufgestellt und bietet eine große Palette innovativer Dienstleistungen an. Gewerbliche Kunden, Eigenheimbesitzer und Hausverwaltungen in der Region sind bei den Spezialisten von Ulland gut aufgehoben, wenn es um Fragen rund um Klima, Heizung und Sanitär geht. Ob kleine Reparaturen, größere gewerbliche Bauvorhaben, komplexe technische Großprojekte oder Beratungsbedarf – bei Ulland kümmert man sich persönlich und umfassend um jedes Kundenanliegen. Ulland: „Die Zufriedenheit unserer Kunden steht für uns ganz oben. Wir schnüren für sie Rundum-sorglos-Pakete, das kommt gut an."

Ihr kompetenter Fachberater seit 1978.

Ulland setzt bei seiner Arbeit auf hochwertige Markenpartner und vor allem auf ein eingespieltes Team erfahrener Fachhandwerker mit hoher theoretischer und praktischer Kompetenz. „Wir haben immer sehr viel dafür getan und werden auch weiterhin dafür sorgen, dass unser Team spitze bleibt."

DATEN & FAKTEN

Mitarbeiterzahl: 50
Firmensitz: 48683 Ahaus-Alstätte
Gründungsjahr: 1978
Leitung: Christoph Ulland, Dominik Terhaar
Branche: Heizung, Sanitär und Klimatechnik
Internet: www.ulland.de
Lieblingstätigkeit: Die Welt ein wenig grüner machen

Die Kunden sehen, dass wir unser Handwerk beherrschen und mit Leidenschaft bei der Sache sind.

Individualität – die wirkt.

Voigt & Böhm GmbH & Co. KG

Lars und Mirka Böhm

Lars Böhm hat eine Passion, er möchte zwischen Bremen und Oldenburg viele kleine Oasen schaffen. Dabei sind Oasen für ihn nicht Vegetationsflecken in der Wüste, die zur Rast einladen, sondern „traumhaft schöne Bäder", in denen man sich wohlfühlen und entspannen kann. Wer sein Badezimmer individuell, schön, gerne auch extravagant neu gestalten möchte, ist bei ihm goldrichtig. Sein Versprechen: „Deine Oase ist dann nur noch eine Tür weit entfernt."

Zusammen mit seiner Frau Mirka führt er das Familienunternehmen Voigt & Böhm GmbH & Co. KG in Hude. Sein Vater Dieter Böhm unterstützt die beiden. Der Fliesenfachbetrieb wurde 1963 von Großvater Friedrich Voigt gegründet. In den folgenden Jahrzehnten hat man sich durch überzeugende Qualität, zuverlässigen Service und ein faires Preis-Leistungs-Verhältnis einen ausgezeichneten Ruf als Partner für alle Fragen rund um Fliese, Bad und Naturstein erarbeitet. Lars Böhm: „Die Kunden sehen, dass wir unser Handwerk beherrschen und mit Leidenschaft bei der Sache sind."

Eine besondere Spezialität sind Großformatverlegungen, die z. B. eine fugenlose Dusche möglich werden lassen. Das sind echte Hingucker. Voigt & Böhm können XXL-Fliesen bis 1,60 x 3,20 m verarbeiten. Die geben nicht nur Bädern eine ganz besondere Note, sondern auch anderen Wohnbereichen – Wohnzimmern ebenso wie Küchen oder Schlafzimmern.

Die Entspannung beginnt für Mirka Böhm schon beim Aussuchen der Fliesen. „Deine Fliese wartet schon auf dich" – so empfängt sie ihre Kunden in der mit viel Herzblut modernisierten Ausstellung. Der Meisterbetrieb präsentiert hier Wand- und Bodenfliesen in den unterschiedlichsten Formaten (von Mosaik bis Großformat), Feinsteinzeug, Glasmosaik sowie Naturstein. In der Natursteinbearbeitungshalle können auf modernen Bearbeitungsmaschinen individuelle Treppen, Eingangspodeste und Fensterbänke aus Naturstein hergestellt werden.

Deine Fliese wartet schon auf dich!

Stolz sind die Böhms auf ihr junges und dynamisches Team. Die Ausbildung hat für sie einen hohen Stellenwert und die Ausbildungsquote ist überdurchschnittlich hoch. Bei der Suche nach Nachwuchstalenten, aber nicht nur da, setzen sie auch auf Social Media. Auf Instagram, TikTok und Pinterest zeigen sie regelmäßig Berichte aus dem Betriebsalltag.

DATEN & FAKTEN

Mitarbeiterzahl: 12
Firmensitz: 27798 Hude
Gründungsjahr: 1963
Leitung: Dieter und Lars Böhm
Branche: Fliesen- und Natursteinverarbeitung, Badsanierung
Internet: www.voigt-boehm.de
Lieblingstätigkeit: Schöne Bäder

Auditorium steht für einzigartige Lösungen für Bild und Ton, die den Erwartungshorizont der Kunden übertreffen.

Kino in Ahlen

Auditorium GmbH

Sebastian Schwarte

Das Wort Auditorium bedeutet laut Lexikon Hörerschaft, Zuhörer, Zuhörerschaft. Hörsaal, Vorlesungsraum, Vorlesungssaal, Aula. Wer sein Unternehmen so nennt, muss also Assoziationen haben, die genau in diese Richtung gehen. Als Leonhard Schwarte 1981 an der Feidikstraße in Hamm am Rande des Ruhrgebiets ein Hifi-Geschäft mit diesem Namen gründete, dachte er an dieses Bedeutungsspektrum. So ging es in seinem Auditorium von Anfang an nicht nur um das leidenschaftliche Musikhören, sondern auch um das Zuhören mit dem Ziel, dem Kunden die bestmögliche Lösung anzubieten. Und Lösungen gab es im ausgesuchten Sortiment von Anfang an bereits viele. Damals wie heute im Sortiment: Hifi-Highlights, beispielsweise das „teuerste Radio der Welt" McIntosh MR-80.

Leonhard Schwarte war der Vater des heutigen Inhabers Sebastian Schwarte. Aus dem Hifi-Geschäft wurde im Verlaufe der vergangenen gut vier Jahrzehnte ein exquisites Handelsunternehmen, das sich auf Themen wie Hifi, Heimkino, Lautsprecher, Kopfhörer, Vinyl und Medienintegration spezialisiert hat. „Am liebsten machen wir guten Sound und gute Bilder mit der jeweils für den Kunden besten Lösung", bringt es Sebastian Schwarte auf den Punkt. Hauptsitz ist nach wie vor Hamm. Hinzugekommen sind die Standorte Münster und Hamburg. Von dort aus kümmert man sich um die Wünsche der vielschichtigen Kundschaft. Die Stereoanlage für Einsteiger zählt ebenso dazu wie ein 500.000-Euro-Kino, ein neuer Konferenzraum oder eine Hifi-Lösung für einen zahlungskräftigen Immobilienbesitzer auf Mallorca. „Auditorium steht für einzigartige Lösungen für Bild und Ton, die den Erwartungshorizont der Kunden übertreffen", legt Sebastian Schwarte die eigene Messlatte sehr hoch an.

Dass bei alldem ökologische und nachhaltige Ansätze heutzutage eine wichtige Rolle spielen, lässt der Auditorium-Chef nicht unerwähnt. „Viele unserer Geräte weisen eine hohe Reparierbarkeit und somit auch eine hohe Nachhaltigkeit auf", so Sebastian Schwarte. Auditorium selbst nutzt Photovoltaik und setzt zu einem großen Teil auf

Viele unserer Geräte weisen eine hohe Reparierbarkeit und somit eine hohe Nachhaltigkeit auf.

E-Fahrzeuge. Auszeichnungen wie der Westfälische Handelspreis oder die Einstufung als „High End Society Top Hifi Händler" sind der Lohn seiner Bemühungen und die seiner 50 Mitarbeiterinnen und Mitarbeiter.

DATEN & FAKTEN

Mitarbeiterzahl: 50
Firmensitz: Hauptsitz Hamm, Münster, Hamburg
Gründungsjahr: 1981
Gründer: Leonhard Schwarte
Heutiger Inhaber: Sebastian Schwarte
Produkte: Hifi, Heimkino, Lautsprecher, Kopfhörer, Vinyl und Medienintegration
Internet: www.auditorium.de
Lieblingstätigkeit: Am liebsten machen wir guten Sound und gute Bilder mit der jeweils für den Kunden besten Lösung.

Ihr Partner
für Strom und Licht

Elektro Elfrich GmbH

Thomas Hartwig, Manuel Westers, Ludger Westers

Einen „Partner für Strom und Licht" – was kann man in diesen Zeiten besser gebrauchen? Wer im Raum Emsdetten lebt, braucht gar nicht lange danach zu suchen. Die Elektro Elfrich GmbH wirbt derzeit mit diesem Slogan und stößt damit auf große Resonanz. Der 1950 von Clemens Elfrich gegründete Handwerksbetrieb hat sich zu einem wichtigen regionalen „Player" in seiner Sparte empor gearbeitet. 84 Mitarbeiterinnen und Mitarbeiter erfüllen aktuell die vielfältigen Wünsche der Kundschaft. „Wir von Elektro Elfrich sind ausgebildete Elektroinstallateure und verstehen unser Handwerk", nennt Ludger Westers den ebenso simplen wie einleuchtenden Grund für die gute Arbeit der Emsdettener. „Unser Know-how erkennt man schon bei der qualifizierten, umfangreichen und persönlichen Beratung, wenn uns ein Projekt anvertraut wird."

Ludger Westers ist Geschäftsführer der Elektro Elfrich GmbH und teilt sich die Verantwortung mit Thomas Hartwig und mit seinem Sohn Manuel Westers. Jeder, der eine Frage im Bereich Elektro hat, ist bei Elfrich genau richtig, erfahren wir von dem Führungstrio. Vom einfachen Wechsel einer Glühbirne über die Installation von Elektroanlagen in Wohnungen, Häusern oder ganzen Bürogebäuden und Lagerhallen bis zur Versorgung mit erneuerbaren Energien deckt der erfahrene Betrieb alles ab. Weit über die Grenzen von Emsdetten hinaus gehört eine Gastronomie-Kette mit ca. 130 Standorten in Deutschland zu einem von vielen großen Kunden. „Am meisten schätzen unsere Kunden unsere Zuverlässigkeit, Pünktlichkeit und die gute Zusammenarbeit mit anderen Gewerken", so Ludger Westers. „Bei Fragen sind wir immer da, immer freundlich und immer offen für Anregungen und Ideen", ergänzt Manuel Westers. „Durch unsere hohe Mitarbeiterzahl sind wir sehr flexibel", fügt Thomas Hartwig einen weiteren Aspekt hinzu. Außerdem kennen sich die Emsdettener – auch das hat sich herumgesprochen – in Spezialgebieten bestens aus, etwa der Installation von Überwachungssystemen und Zutrittskontrollen.

Unser erfahrenes Team hat für jeden eine Lösung!

Neue Aufträge bekommt der bodenständige Betrieb natürlich nicht nur durch eine positive Mund-zu-Mund-Propaganda. Zahlreiche Referenzen in den Bereichen Wohnungsbau, Gastronomie, Industriegebäude, Landwirtschaft, Pflegeheime und Sportstätten führen ganz praktisch vor Augen, zu was die Elektro Elfrich GmbH in der Lage ist. „Geht nicht – gibt's nicht!", nennt die Geschäftsführung deshalb eine weitere griffige Formulierung, die das Unternehmen charakterisieren soll. „Denn unser erfahrenes Team hat für jedes Problem eine Lösung."

DATEN & FAKTEN

Mitarbeiterzahl: 84
Firmensitz: 48282 Emsdetten
Gründungsjahr: 1950
Gründer: Clemens Elfrich
Leitung: Ludger Westers, Thomas Hartwig und Manuel Westers
Produkte: Weiße Ware, Installation
Internet: www.elektro-elfrich.de
Lieblingstätigkeit: Kundenbegeisterung durch besondere Arbeit und Leistung

Natürliche, wohngesunde und einzigartige Räume

Lach & Schnitzer GmbH

Michael Lach

„In unserer eher virtuell ausgerichteten Welt bekommen Materialität und Textur immer mehr Bedeutung." Das klingt nach etwas Besonderem, Nichtalltäglichem, nach etwas, das dem Alltäglichen bewusst etwas entgegensetzen will. Tatsächlich stammen diese Worte von Michael Lach, der sich seit nunmehr fast drei Jahrzehnten dem Tischler-Handwerk verschrieben hat. Diese allgemeine Berufsbezeichnung trifft die Wirklichkeit jedoch nur sehr oberflächlich. Michael Lach ist mit seinem Team (es umfasst momentan acht kreative Köpfe) als Spezialist für Parkett, exklusive Schlossdielen und Dinesen Dielen im Bereich des Innenausbaus im gesamten norddeutschen Raum unterwegs. Verarbeitet werden nur Echtholz-Fußböden und Massivholzdielen bis 15 Meter Länge. Da, wo es geht, werden ökologische Produkte eingesetzt.

„Mit großer Erfahrung, kreativem und handwerklichem Geschick schaffen wir natürliche, wohngesunde und einzigartige Räume", erläutert Michael Lach. Dabei bemüht sich der gelernte Holztechniker und Betriebswirt, für jeden Einrichtungsstil die passende Holzart zu finden. Die in Norderstedt beheimatete Lach & Schnitzer GmbH überzeugt immer wieder mit innovativen Verlege-Techniken und verbindet traditionelle Handwerkskunst mit besonderer Haptik und einem angenehmen Raumklima. „Traditionelles Handwerk trifft Know-how und Leidenschaft", bringt es Michael Lach auf eine griffige Formel, die neugierig macht auf die Resultate, die sich daraus ergeben.

Zentrales Ziel der Norderstedter ist es, „die Kunden glücklich zu machen, indem wir auf ihre Bedürfnisse eingehen". Jeder Raum, der von Lach & Schnitzer verlegt werde, sei etwas Einzigartiges. Wie der Mensch ein einzigartiges Individuum sei, so sei auch jedes Stück Holz, jede Diele einzigartig. „Durch sorgfältige Planung, Gespräche und durch einen verantwortungsvollen, respektvollen Umgang mit dem Naturelement Holz schaffen wir Wohn(t)räume", ist Michael Lach überzeugt. Triebfeder seiner Arbeit ist seine „Liebe zum Material Holz", wie er freimütig eingesteht. Man hat den Eindruck, dass diese Liebe noch genauso intensiv wie 1994 ist, als er mit der Tischlerei begann.

Wir wollen dem Alltäglichen bewusst etwas entgegensetzen – mit Liebe zum Material Holz.

DATEN & FAKTEN

Mitarbeiterzahl: 8
Firmensitz: 22848 Norderstedt
Gründungsjahr: 1994
Gründer: Michael Lach
Produkte: Holzböden
Internet: www.lachundschnitzer.de
Lieblingstätigkeit: Raumlange Massivholzdielen

Maßgefertigte Metalllösungen für Ihre Immobilie

Noll Metall

Achim Noll

„Wir bringen Metall in Bestform" – dieses Versprechen nimmt man Achim Noll sofort ab. Seit 2020 führt der Metallbaumeister in vierter Generation das traditionsreiche Metallbauunternehmen Noll Metall im schwäbischen Starzach. Was vor 100 Jahren als Dorfschmiede begann, hat heute einen ausgezeichneten Ruf als Spezialist für hochwertige Stahl- und Edelstahlarbeiten rings ums Haus: Stahl-Balkone und Metall-Geländer für alle Treppenarten und Balkone. Überdachungen, Stahltreppen, Türen, Tore und Zäune sowie Fenstergitter – nach Kundenwünschen gestaltet und gefertigt. „Wenn Sie maßgefertigte Metalllösungen für Ihre Immobilie suchen und kein Produkt von der Stange wollen, sind Sie bei uns genau richtig". Sein jüngstes Projekt ist eine Outdoor-Living-Lösung mit Wohnraumerweiterung durch überdachte Anbaubalkone und direkten Treppenabgang. Ein echter Hingucker und für den Kunden ein wahr gewordener Traum aus Metall.

Noll Metall ist ein Musterbeispiel für ein Handwerksunternehmen auf der Höhe der Zeit. Hier werden Qualität, Zuverlässigkeit und schwäbische Gründlichkeit mit handwerklichem Können und jahrzehntelanger Erfahrung erfolgreich verbunden und zeitgemäß interpretiert: „Wir haben schon immer Metall in den Adern und sind Handwerker aus Leidenschaft. Jeder Kunde bekommt von uns auch heute ein Meisterwerk aus Heavy Metal, ein Stück Nollywood für sein Heim." Eine lebendige Öffentlichkeitsarbeit und ein authentischer Auftritt in den sozialen Medien gehören selbstverständlich dazu.

Stolz ist Achim Noll auf sein Team, das ihm ganz besonders am Herzen liegt. Ganz oben stehen für ihn außerdem seine Kunden und ihre Wünsche: „Wir nehmen sie von Anfang an fest an die Hand und nehmen sie mit auf die Reise, wenn wir ihre Metallträume zum Leben erwecken". Der Kunde weiß jederzeit, wo sein Projekt steht. Er erhält einen verbindlichen Festpreis: „Keine zusätzlichen Kosten, nichts Kleingedrucktes, das ist unser Versprechen!" Und auch klar: Die Baustellen werden sehr ordentlich und sauber hinterlassen.

Wir haben schon immer Metall in den Adern und sind Handwerker aus Leidenschaft.

Besonders gerne kümmert sich Noll um Projekte, bei denen neue Wohnräume durch ein zweites Wohnzimmer für draußen erschaffen werden und Kunden dann an warmen Sommertagen ihren Garten genießen können.

DATEN & FAKTEN

Mitarbeiterzahl: 11
Firmensitz: 72181 Starzach
Gründungsjahr: 1920
Leitung: Achim Noll
Produkte: Anbaubalkone, Überdachungen, Abgangstreppen, Balkon- und Treppengeländer, individuelle Metalllösungen aus Stahl und Edelstahl
Internet: www.noll-metall.de
Lieblingstätigkeit: Am liebsten machen wir in Nollywood unsere Kunden glücklich, indem wir für sie maßgefertigte Meisterwerke aus (Heavy) Metal fertigen.

Das neptus Team besteht aus Helden, Pionieren und Möglichmachern.

neptus GmbH

Während kleine Reparaturen in den eigenen vier Wänden meist mit dem entsprechenden Know-how und einer Portion Zeit zu bewerkstelligen sind, sieht das bei wasser- oder brandbasierten Schäden in der Regel anders aus. Schnell tritt in solchen Situationen Überforderung auf und Panik macht sich in den Köpfen breit. neptus hat es sich deshalb zur Aufgabe gemacht, effiziente und innovative Lösungen so zu entwickeln, dass sie ihren Kunden bestmöglich zur Seite stehen können. Dabei ist es zweitrangig, ob in Privathaushalten oder in gewerblichen Räumlichkeiten – ihre Lösungen sind nicht an Quadratmeterzahlen gekoppelt.

Für ihre Serviceleistungen greifen sie nicht nur auf ihr geschultes Fachpersonal zurück, sondern berufen sich auch auf einen Erfahrungsschatz von mittlerweile über 10.000 erfolgreichen Schadensabwicklungen. Genutzt wird dabei ausschließlich modernstes Equipment von der Diagnose bis zur Sanierung und das in 13 Niederlassungen deutschlandweit.

Durch die langjährige Zusammenarbeit mit führenden Versicherungen und WEG-Hausverwaltungen sind sie bestens mit sämtlichen Prozessen vertraut und können für eine reibungslose und vollumfängliche Problembehebung sorgen – und zwar so, dass sich ihre Kunden keinen Kopf mehr machen müssen!

Damit etablieren sie sich seit mittlerweile über 30 Jahren als Branchenexperte. Und weil sie das auch die nächsten 30 Jahre bleiben wollen, stehen die Bedürfnisse ihrer Kunden für sie als Qualitätsführer stets an oberster Stelle.

Um Retter in der Not sein zu können, braucht es in erster Linie Talente in den eigenen Reihen. Das neptus Team besteht aus Helden, Pionieren und Möglichmachern. Unterstützt werden sie mit neuesten Schulungen und stetiger Weiterbildung. Die Basis für ihren Heldeneinsatz bildet ein wertschätzendes und maximal förderndes Arbeitsklima. So beginnt 120 % heldenhafte Problembeseitigung bereits weit vor dem Einsatz.

neptus – der richtige Partner in sämtlichen Anliegen rund um Leckortung, Trocknung und Sanierung mit Qualitätsführungsanspruch.

Die Kunden können sich auf neptus als ihren vertrauenswürdigen Partner für alle Angelegenheiten rund um ihre Schadenssanierung verlassen – und das 24/7.

DATEN & FAKTEN

Mitarbeiterzahl: 120
Firmensitz: 71229 Leonberg
Gründungsjahr: 2005
Geschäftsführer: Sascha Schreiber & Frank Wagner
Branche: Wasserschadensanierung
Internet: www.neptus.de
Lieblingstätigkeit: Wasser- und Brandschäden sanieren

Einzigartige Räume aus Licht, Glas und Metall

Schiebeanlage im Panorama-Design

Wintergarten Gruber GmbH & Co. KG

Die Grubers

„Einzigartige Räume aus Licht, Glas und Metall“ – bei diesen Worten hat man direkt ein Bild vor Augen. Und sie beschreiben anschaulich, was Kunden von Wintergarten Gruber erwarten können. Was als Ein-Mann-Betrieb in den 90ern begann, hat sich längst in Bayern einen Namen gemacht. Mit seinen mittlerweile 51 Mitarbeitern hat sich das von Heinrich Gruber gegründete Unternehmen nicht nur zu einem wichtigen lokalen Arbeitgeber entwickelt, sondern es fertigt zudem unter der Leitung von Christian Gruber hochwertige Wintergärten und individuelle Raumkonzepte auf höchstem technischen und handwerklichen Niveau. Ihre Spezialität sind die eigens gefertigten Schiebesysteme in rahmenlosem Panoramadesign. Zudem werden unter dem Markennamen „Glasinity“ herausragende Villen in Kooperation mit SCHÜCO realisiert.

„Unsere Kunden schätzen an uns besonders die intensive Beratungsphase, in welcher wir absolute Unikate und Schmuckstücke entwerfen“, so Christian Gruber. Da überrascht es nicht, dass im Portfolio der Firma eine breite Vielfalt von Projekten zu finden ist – „vom außergewöhnlichen Sitzfenster über ein gekonnt platziertes Wintergartenkonzept mit cleveren Öffnungen in der City bis hin zu komplexen Villen aus Glas, die durch hochwertigste Fenster- und Schiebesysteme im Panoramadesign punkten“. Das Beratungskonzept von Gruber ist perfekt durchdacht. Gemeinsam mit dem Auftraggeber wird ein individuelles Raumkonzept geplant, für das sich der Kunde im Showroom des Unternehmens inspirieren lassen kann. Dann geht es in die Gestaltung, die durch 3-D-Grafiken und Sonnenstandsberechnungen für den Kunden erlebbar gemacht wird.

Modernste Technik kommt auch in den Konstruktionen von Gruber zum Einsatz – sei es eine Alarmanlage, eine Eingangstür mit Zutrittskontrolle durch ein Touchpanel, steuerbare Schiebeelemente oder die Einrichtung einer KNX-Steuerung. Um diese Bandbreite an Möglichkeiten anbieten zu können, beschäftigt Christian Gruber ein Team von spezialisierten Fachkräften und nutzt vielfach individuelle Elemente aus der Eigenfertigung. Für den qualifizierten Nachwuchs sorgen sie dabei selbst: „Besonders stolz sind wir auf den Ausbildungspreis des Landkreises Straubing Bogen, welchen wir im vergangenen Jahr aufgrund der herausragenden Leistungen in der Ausbildung seit mehr als 30 Jahren verliehen bekommen haben.“ Moderne Technologie ist aber nur ein Aspekt: Die Raumkonzepte von Wintergarten Gruber bereichern den Alltag nicht nur funktional, sie sind auch ein Gewinn für das Wohngefühl.

Unsere Kunden schätzen an uns besonders die intensive Beratungsphase.

DATEN & FAKTEN

Mitarbeiterzahl: 51
Firmensitz: 94347 Ascha
Gründungsjahr: 1992
Gründer: Heinrich Gruber
Heutige Leitung: Christian Gruber
Branche: Metallbau
Internet: www.wintergarten-gruber.de und www.glasinity.de

Perfektes Handwerk und die Liebe zum Detail gekoppelt mit viel Kreativität ergeben Möbel von mcm design.

Schminktisch mit Ganzkörperspiegel im Ankleidezimmer. Eiche massiv mit Weißlack.

mcm design

Die Wirkung eines Raums wird durch seine Einrichtung bestimmt. Ein passgenau gefertigtes Möbelstück ist nicht nur praktisch und funktional, sondern einzigartig. Seit ihrer Gründung im Jahr 2003 hat sich die Firma mcm design die Fertigung eben solcher „Möbel nach Maß" zur Aufgabe gemacht. Seither sind sie kontinuierlich gewachsen und konnten dabei stets auf die Weiterempfehlungen ihrer zufriedenen Kunden setzen. Die Arbeit des Handwerksbetriebs ist geprägt von Sorgfalt, Präzision und einem geschulten Auge für Raumgestaltung: „Perfektes Handwerk und die Liebe zum Detail gekoppelt mit viel Kreativität ergeben Möbel von mcm design."

Für Martin Clemens Müller und seine Mitarbeiter ist „keine Aufgabe unlösbar und keine Herausforderung zu groß – stellen Sie uns vor Neue" fordert er seine Kunden sportlich heraus. Dabei sind auch räumlich keine Grenzen gesetzt: „Wir sind nicht nur in Köln und Umgebung, sondern auch auf Mallorca, Ibiza, den Nordseeinseln und in Österreich tätig." Ein Projekt, an das Martin Clemens Müller sich gern zurückerinnert, ist der Ausbau einer Luxus-Dachgeschosswohnung. In der Planung, Fertigung und Montage konnte das Team von mcm design zeigen, was in ihnen steckt, und gestaltete von der Küche über das Ankleidezimmer bis zur Bibliothek den gesamten Innenausbau. Aber auch in der Zusammenarbeit mit anderen Gewerken sind sie ein vertrauenswürdiger Partner, der gut kooperiert und auch unter Zeitdruck besteht. Im täglichen Betrieb und in der Herstellung ist der Firma mcm design ein nachhaltiger Ansatz wichtig. Derzeit wird eine Photovoltaik-Anlage auf dem Dach der Werkstatt installiert, die die Werkstatt mit Strom versorgt.

Kunden schätzen die umfassende Betreuung, bei der sich mcm design von der ersten Idee bis zur fertigen Montage auf individuelle Wünsche einstellt und gegebenenfalls auch die Abstimmung mit anderen Handwerksbetrieben übernimmt. Inspiration für ihre Projekte finden Kunden in der betriebseigenen Ausstellung. Neben klassischem

Keine Aufgabe ist unlösbar und keine Herausforderung zu groß – stellen Sie uns vor neue!

Echtholz und Furnier kommen auch Materialien wie Messing, Edelstahl oder Beton zum Einsatz, um die gewünschte Atmosphäre zu schaffen. Martin Clemens Müller selbst arbeitet besonders gern mit „ehrlichen" Materialien. Und es sind diese hochwertigen Materialien, die kompetente Beratung und eine bestens ausgestattete Werkstatt, die auch Neukunden schnell davon überzeugt, dass man ihren Ansprüchen bei mcm design gerecht werden kann.

DATEN & FAKTEN

Mitarbeiterzahl: 6
Firmensitz: Köln/Pulheim Brauweiler
Gründungsjahr: 2003
Leitung: Martin Clemens Müller
Produkte: Küchen, Einbaumöbel, Tische, Sideboards, Badmöbel
Branche: Tischlerei
Internet: www.mcmdesign.de
Lieblingsstück: Schminktisch in Ankleide

Zuverlässigkeit und Kompetenz rund um Haus und Dach.

Beer Bedachung GmbH

Thorsten Beer

Das Dach zählt zweifellos zu den wichtigsten Bestandteilen eines Hauses. Zusammen mit der Fassade ist es so etwas wie die Visitenkarte eines Gebäudes. Ist das Dach in einem schlechten Zustand, werden schnell Rückschlüsse auf das, was sich darunter befindet, gezogen. Es ist aber nicht allein die Optik, auf die es hier ankommt. Ist das Dach nicht mehr in Ordnung, kommt es schnell zu Schäden im Inneren. Das Dach soll schützen. Das kann es aber nur, wenn es in einem möglichst optimalen Zustand gehalten wird. Gut, wenn man einen kompetenten Ansprechpartner kennt, der sich mit dem Thema Dach in all seinen Facetten auskennt. Im Raum Hamm ist das zweifellos die Beer Bedachung GmbH. Seit mehr als 100 Jahren ist sie Anlaufstelle für Neubau, Sanierung, Reparatur und Wartung von Dächern.

„Wir sind Partner für Generalunternehmer, Bauträger, Industrie- und Privatkunden und realisieren Bauprojekte für alle Ansprüche im privaten ebenso wie im gewerblichen Bereich", beschreibt Thorsten Beer die Kompetenzen seines Unternehmens. Er ist geschäftsführender Gesellschafter der Beer Bedachung GmbH mit ihren derzeit 40 Beschäftigten. Gegründet wurde der Handwerksbetrieb 1912 von Willi Beer, dem Großvater des heutigen Inhabers. Diese ungewöhnlich lange Historie hat zu einem hohen Bekanntheitsgrad geführt. Einige Kundenverbindungen bestehen ebenfalls schon über Generationen. „Wir reparieren, reinigen, warten und inspizieren Dachsysteme, Solaranlagen, Fassaden, Balkone und Terrassen", fährt Thorsten Beer in der Beschreibung des Tätigkeitsgebietes fort. „Unser Renommee begründet sich auf Zuverlässigkeit und Kompetenz rund um Haus und Dach – ob kleine Reparaturen oder große Bauprojekte, sowohl im gewerblichen als auch im privaten Sektor."

Ganz gleich, welche Wünsche der Kunde hat: Wir haben das kompetente Team, das sie umsetzen kann.

Beispiele für das Wirken der Beer Bedachung GmbH finden sich aufgrund der langen Geschichte zur Genüge. Der Großraum Hamm ist ihr Kerngebiet, weiter entfernt liegende „Ausreißer" nicht ausgeschlossen. Auch besondere Projekte sind immer wieder darunter, zuletzt etwa die Dachsanierung der Liboriuskirche in Hamm und der Neubau des Gebäudes der Hochschule Hamm-Lippstadt. Thorsten Beer: „Ganz gleich, welche Wünsche der Kunde hat: Wir haben das kompetente Team, das sie umsetzen kann."

DATEN & FAKTEN

Mitarbeiterzahl: 40
Firmensitz: 59063 Hamm
Gründungsjahr: 1912
Gründer: Willi Beer
Heutige Leitung: Thorsten Beer
Branche: Dach-, Fassaden und Wandverkleidung
Internet: www.dachdecker-beer.de

Die Crew ist ein echtes Dream-Team, viele sind schon über 30 Jahre bei uns.

Gadesmann Stahl- & Leichtmetallbau e. K.

Der Name Gadesmann steht in Goslar und Umgebung seit Jahrzehnten für hohe Qualität und viel Erfahrung in der Verarbeitung von Metallen aller Art. Es begann 1925 mit der Schmiede von Karl Gadesmann in Vienenburg. Seit 1987 ist das Stahl- und Leichtmetallbau-Unternehmen in der Glückauf-Straße beheimatet. Geführt wird das Familienunternehmen heute in dritter Generation von Michael Gadesmann, unterstützt von seinen drei Kindern.

Das Unternehmen hat sich im regionalen Markt einen guten Ruf als Spezialist für den anspruchsvollen industriellen Stahlbau und den Metall-Projektbau im gewerblichen Bereich erarbeitet. „Es dürfen gerne auch komplexe Projekte sein, wo es knifflig wird, fühlen wir uns besonders wohl", so Maximilian Gadesmann selbstbewusst. Wenn im laufenden Betrieb oder um bestehende Maschinenparks herum gebaut werden muss oder empfindliche Produktionsprozesse tangiert sind, bringt Gadesmann gerne die in vielen Jahren erworbene Expertise ein. Die vielen Stammkunden bestätigen, dass Gadesmann für sie die richtige Wahl war: „Sie haben gesehen, dass wir Experten sind in dem, was wir tun."

Kunden auf diese Weise zu überzeugen, geht nur mit einem erfahrenen und bestens qualifizierten Mitarbeiterteam. Das hat Gadesmann und darauf ist er besonders stolz: „Das ist ein echtes Dream-Team, viele sind schon über 30 Jahre bei uns. Unser Betriebsklima ist prima und sehr familiär." Das erlaube eine beständig hohe Arbeitsqualität, eine sehr breite Leistungspalette und eine hohe Flexibilität bei der Projektumsetzung. Damit das so bleibt, tut Gadesmann viel für die Mitarbeiterschulung. Die Unternehmensleitung nimmt sich dabei nicht aus.

Es dürfen gerne auch komplexe Projekte sein, wo es knifflig wird, fühlen wir uns besonders wohl.

Zu seinen „Lieblingsprojekten" zählt Gadesmann neben vielen Industriebauten auch das Fachmarktzentrum Vechelde und die DHL-Station in Ilsenburg. Selbstverständlich kommen dabei wie auch bei anderen Projekten die Metallkomponenten zum Einsatz, die Gadesmann einmal groß gemacht haben: Stahl- und Aluminiumtüren, Tore, Fenster, Geländer, Zäune und vieles mehr.

DATEN & FAKTEN

Mitarbeiterzahl: 16
Firmensitz: 38690 Goslar
Gründungsjahr: 1925
Leitung: Michael und Maximilian Gadesmann
Branche: Gewerbebau, Stahl- und Leichtmetallbau
Internet: www.gadesmann.net
Lieblingstätigkeit: Komplexe Bauprojekte realisieren

Dächer. Wir stehen drauf!

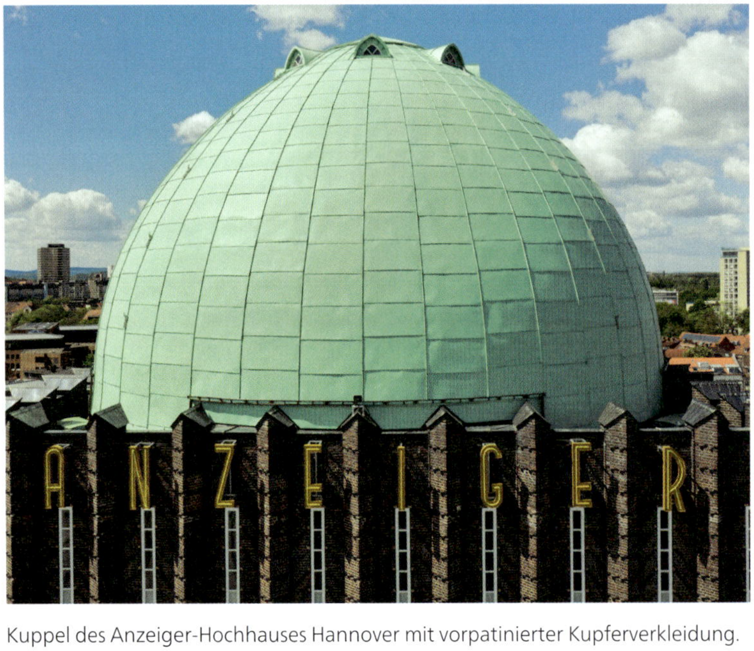

Kuppel des Anzeiger-Hochhauses Hannover mit vorpatinierter Kupferverkleidung.

Hanebutt GmbH

Henning und Heiner Hanebutt

Hoch hinaus geht es bei der Hanebutt GmbH – nicht umsonst lautet ihr Slogan: „Dächer. Wir stehen drauf!" –, aber es sind nicht nur Dächer und Fassaden, die hier erklommen werden, auch in der unternehmerischen Geschichte ging es in den vergangenen neun Jahrzehnten stetig aufwärts. 1930 in Neustadt am Rübenberge gegründet, ist die Firma heute unter der Leitung von Henning und Heiner Hanebutt auch überregional aktiv und an fünf Standorten vertreten. Dachdeckerei in all ihren Facetten, aber auch Photovoltaik, Fassadensanierung, Bauwerkabdichtung, Zimmereiarbeiten und Stahl- und Hallenbau gehören zu ihrem Repertoire.

Eine Firma, die auf so ein langjähriges Bestehen zurückblicken kann, entwickelt ein besonderes Verhältnis zu ihren Kunden. Über Instandhaltungen und Wartungen begleiten sie manche Kunden ein Leben lang. Neben Privatkunden zählen auch Industrie- und Gewerbekunden zu ihrer Zielgruppe. Das Luxushotel The Fontenay in Hamburg gehört ebenso zu ihren Einsatzstätten wie das Humboldt Forum in Berlin oder das Rathaus in Hannover.

Neben dem klassischen Handwerkszeug kommen die Mitarbeiter von Hanebutt auch sonst technisch bestens gerüstet zum Termin. Henning Hanebutt: „Wir sind ein Betrieb mit Historie, üben ein Handwerk mit Tradition aus, sind tief verwurzelt in der Region – aber zugleich sind wir hochmodern." Alle Vorarbeiter sind mit Tablets ausgestattet, das Unternehmen nutzt eine eigene App und bei Inspektion und Aufmaß kommen Drohnen zum Einsatz. Die können beispielsweise nach einem Unwetter einen Überblick über den Zustand eines Daches geben.

Wir sind ein Betrieb mit Historie, üben ein Handwerk mit Tradition aus, sind tief verwurzelt in der Region – aber zugleich hochmodern.

„Unsere Kunden bekommen bei uns alles rund ums Dach aus einer Hand", erklärt Henning Hanebutt. Bereits in der Vorbereitung übernimmt die Firma alle wichtigen Aufgaben, darunter die Tragwerksplanung, Probenanalysen der Dachabdichtung und bauphysikalische Untersuchungen. Das Team von Hanebutt ist gut aufgestellt und kann auf spontane Aufträge im Schadensfall schnell reagieren. Zu diesem 560 Mitarbeiter starken Team gehören auch 70 Auszubildende, und das kommt nicht von ungefähr. Erst im Jahr 2020 wurde der Hanebutt GmbH die TOP-JOB-Auszeichnung verliehen.

DATEN & FAKTEN

Mitarbeiterzahl: ca. 560
Firmensitz: Neustadt am Rübenberge
Gründungsjahr: 1930
Gründer: Heinrich Hanebutt
Produkte: Dach-, Wand- und Abdichtungstechnik
Internet: www.hanebutt.de

Wir holen das Beste aus dem kleinsten Winkel und der kniffligsten Ecke heraus.

Herr Müller – Dein Fliesenleger

Michèl Müller

Die Entscheidung, ein Badezimmer zu sanieren, fällt man nicht so einfach über Nacht. Wie denn auch. In Normalfall ist man Laie auf dem Gebiet. Hier handelt es sich um Präzisionshandwerk. Da muss jeder Handgriff sitzen, sonst wird das Ergebnis minderwertig. Und das möchte wirklich niemand. Zudem müssen im Vorfeld viele Fragen geklärt werden: Sollte ich alters- und funktionsgerecht planen? Welches Design, welche Farben und welchen Stil wünsche ich mir für mein Bad? Welche Kosten kommen auf mich zu? Bei einer Altbadsanierung muss man vieles beachten. Daher ist es wichtig, das gesamte Projekt mit einem erfahrenen Team im Vorfeld ordentlich zu planen.

Im niedersächsischen Oldenburg findet man ein solches Kompetenzteam. Michèl Müller hat es 2014 an den Start gebracht. Seitdem hat sich im Raum Oldenburg bad- und küchensanierungsmäßig einiges getan. „Seit über 15 Jahren bin ich als Fliesenleger in und um Oldenburg im Einsatz", erzählt er von seinem Werdegang. Für ihn gebe es nichts Schöneres, als für Menschen von hier „neue Wohlfühlorte" zu schaffen. Fliesen seien schon immer seine Leidenschaft gewesen. Er sei praktisch mit Fliesen auf die Welt gekommen, lässt er uns wissen. Für die kompetente Arbeit in der Altbadsanierung wurde das Team Müller bereits mehrfach mit Preisen ausgezeichnet (wie z. B. Sanierungspreis 2020, Excellence Award Sven Schöpker, Zert-Fliese, etc.).

Aus dem kleinsten Winkel und der kniffligsten Ecke das Beste herausholen – so etwas treibe ihn an, gibt Fliesen-Spezialist Michèl Müller Einblicke in seine Motivationshilfen. „Wenn wir ein neues Bad planen, kann sich der Auftraggeber bequem zurücklehnen. Was für viele Menschen Stress bedeutet, ist unsere Komfortzone. Wir stellen die richtigen Fragen und bringen die Gewerke in ein schlüssiges Zusammenspiel. Wer einen Fliesenleger sucht, der nicht nur zuverlässig und zügig, sondern auch picobello sauber arbeitet, Leidenschaft für das Projekt mitbringt, mit seinen kreativen Ideen das neue Bad, Küche & Co in einen Wohlfühltraum verwandelt und astreine Qualität zum guten Preis-Leistungs-Verhältnis bietet – der ist bei mir goldrichtig."

Was für viele Menschen Stress bedeutet, ist unsere Komfortzone.

DATEN & FAKTEN

Mitarbeiterzahl: 3
Firmensitz: Oldenburg
Gründungsjahr: 2014
Gründer/Leitung: Michèl Müller
Produkte: Badsanierung
Branche: Fliesen-, Platten und Mosaikleger
Internet: www.dein-fliesenleger-oldenburg.de
Lieblingstätigkeit: Wir lieben die Keramik und bauen am liebsten schöne Bäder und erschaffen somit neue Lebensräume für unsere Kunden ...

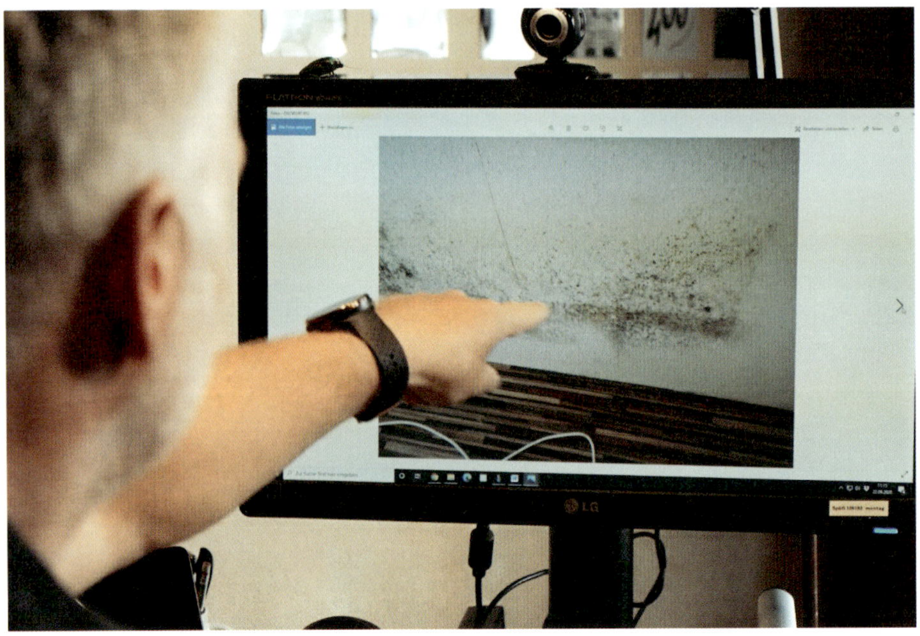

Jeder kennt ihn, keiner will ihn haben – den Schimmel.

Jürgen Jörges

Jürgen Jörges

Jeder kennt ihn, keiner will ihn haben – den Schimmel. Jürgen Jörges weiß alles über diesen heimtückischen Gegner. Er ist erfahrener „Schimmelfahnder", liebt klare Worte und hat eine ambitionierte Mission: „Ich möchte ein schimmelfreies Leben für jedermann." Diese Mission verfolgt er seit vielen Jahren konsequent – nicht nur in seiner Funktion als Sachverständiger, sondern auch auf anderen Ebenen, z. B. als Buchautor. In seinem Bestseller „Schimmel, Arsch und Zwirn" präsentiert er verblüffende Fakten und unterhaltsame Anekdoten, räumt auf mit Unwissen, Unsicherheit und Angst rund um die unsichtbare Gesundheitsgefahr.

Unterhaltsam und leicht verständlich vermittelt er sein Know-how auch als Interviewpartner vor der Kamera. Im Radio und bei vielen Podcastsendungen ist er ein gern gesehener Gast. Für seine Vorträge wurde der „Schimmel-Schimanski" bereits mehrfach ausgezeichnet. Er schafft es, trockene Themen wie Schimmel oder Wärmedämmung auf amüsante Art und Weise zu präsentieren und kann dabei vollständig auf Fachchinesisch verzichten.

Jürgen Jörges war schon immer leidenschaftlich gerne Handwerker. „Ich bin auf der Baustelle aufgewachsen, mein Sandkasten war ein Haufen Maurersand, das Schäufelchen eine Putzkelle." Für ihn war sehr früh klar, dass das Handwerk seine berufliche Zukunft sein würde. Mit 24 war er einer der jüngsten Tischler- und Schreinermeister seiner Zunft. Dann wechselte er zum Maler- und Lackiererhandwerk, machte auch dort seinen Meister. Seit über 20 Jahren ist er Sachverständiger, beurteilt die Qualität von Maler- und Lackiererarbeiten, ermittelt Schadensursachen und erstellt Sanierungspläne. Über 5000 Schadensbilder hat er seitdem angefertigt und mehr als 750 Gutachten geschrieben.

Sein Spezialgebiet ist die Bauforensik. Das, was in der Kriminal-Forensik hervorragend funktioniert, findet auch im Bau seine Anwendung. Mit Spezialbrillen, Forensikkamera und speziellen Kamerafiltern sowie Tatortlampen

Spezialbrillen, Forensikkameras, spezielle Kamerafilter und Tatortlampen machen Schimmel- oder überstrichene Wasserschäden wie von Zauberhand sichtbar.

werden transparente Schimmelschäden, überstrichene Wasserschäden, Materialunterschiede oder auch mangelhafte Deckanstriche wie von Zauberhand sichtbar. Ein Tipp des erfahrenen Experten: „Diese Erkenntnisse sollten auch bei Hauskauf oder Wohnungsübergabe einbezogen werden, wenn man keine unliebsamen Überraschungen erleben will."

DATEN & FAKTEN

Firmensitz: 63303 Dreieich
Bestellungsjahr: 2000
Leitung: Jürgen Jörges
Produkte: Das Buch „Schimmel Arsch und Zwirn", Online-Kurs „Schimmel entfernen und vermeiden leicht gemacht", Bauforensik
Tätigkeit: Sachverständiger für das Maler- und Lackiererhandwerk der Handwerkskammer Rhein-Main
Internet: www.juergen-joerges.de
Lieblingstätigkeit: kreative Problemlösungen, nachvollziehbare Erläuterungen auf Augenhöhe, Mediation

Vertrauensvoller Umgang ist uns wichtig und daher können Sie darauf zählen, dass wir Sie als unseren Kunden sehr schätzen.

San Haustechnik

Cehan San

Cehan San, von Freunden und zufriedenen Kunden auch der „Duschen Duke" genannt, ist der Inhaber der Kreativbadschmiede San Haustechnik aus Oldenburg. Seine große Leidenschaft sind außergewöhnliche Badprojekte: „Wo andere Badplaner die Segel streichen, fängt für mich der Spaß erst an!" Er und sein junges Team lieben neue Herausforderungen und bringen frischen Wind in das klassische Handwerk. Neben der Badgestaltung statten sie auch Gebäude mit nachhaltiger Technik wie Wärmepumpen und Photovoltaikanlagen aus. Grundsätzlich begleitet San Haustechnik die Sanierung von der Erstberatung über die Planung bis zur Ausführung und koordiniert alles den Kundenwünschen entsprechend.

Der Kreativität sind bei der Badgestaltung keine Grenzen gesetzt. Außergewöhnliche Fliesendesigns sind da ebenso möglich wie Bäder ganz ohne Fliesen. Bei den Materialien kommt es der Firma auf hohe Qualität und eine gute Verarbeitung an, und durch ein gutes Netzwerk mit anderen Handwerksbetrieben funktioniert auch hier die Zusammenarbeit reibungslos. Nachhaltigkeit ist für Cehan San ein wichtiger Aspekt: „Wir handeln klimabewusst und zukunftsorientiert, damit unsere Kinder noch lange etwas von dieser Welt haben." Dazu gehört für ihn nicht nur ressourcenschonendes Arbeiten innerhalb seines Teams und moderne Technik, sondern er berät auch seine Kunden zu den Vorteilen von klimaorientiertem Heizen.

Das Erfolgsrezept der Firma liegt in den vier Prinzipien, auf die sich ihre Kunden verlassen können: Zuverlässigkeit, Pünktlichkeit, Sauberkeit und Vertrauen. Die Kunden von San Haustechnik können sich entspannt zurücklehnen, weil sie wissen, dass alle Termine und Absprachen eingehalten und ihre Wünsche respektiert werden – und das mit größter Sorgfalt und Rücksicht auf ihre Wohnräume.

„Wir leben unsere grundlegenden Prinzipien, die sowohl intern unter allen Kolleg*innen als auch nach außen zu unseren Kunden kommuniziert werden. Unsere Prinzipien sind Versprechen, die wir Ihnen als Kunden geben", sagt Cehan San.

Wo andere Badplaner die Segel streichen, fängt für mich der Spaß erst an!

Ein entscheidender Grund, warum das Team von Cehan San so gut arbeitet, ist der freundschaftliche Zusammenhalt. Im Betrieb hat jeder eine Stimme und Entscheidungen werden zusammen getroffen. Ein respektvoller Umgang untereinander und mit dem Kunden ist selbstverständlich. „Unser Motto ist No Fake! Wir sind vor allem eines: 100 % authentisch, wenn es darum geht, unseren Kunden die bestmögliche Beratung in jeder Hinsicht zu bieten."

DATEN & FAKTEN

Mitarbeiterzahl: 14
Firmensitz: 26180 Rastede
Gründungsjahr: 2017
Gründer: Cehan San
Produkte: Anspruchsvolles Baddesign, klimaoptimiertes Heizen, Spitzenqualität im Service
Internet: www.san-haustechnik.de
Lieblingstätigkeit: Bäder neu designen, Wärmepumpe inkl. Photovoltaikanlagen installieren

Balkonerweiterung und Gartentreppe

Wohnträume aus Stahl

Böhlert GmbH

Manuela und Dietmar Böhlert

Wie viel Stahl braucht Ihr Haus? Lieben Sie's individuell und exklusiv? Möchten Sie auch das beseelte Lebensgefühl genießen, das die Schaffung eines attraktiven Lebensraums mit formschönen Materialien mit sich bringt? Und dann noch die Fragen der Umsetzung: Legen Sie Wert auf eine professionelle und umfassende Produktberatung? Benötigen Sie eine hohe technische und qualitativ einwandfreie Ausführung für Ihre Konstruktion? Wünschen Sie sich Termintreue und eine zügige und akribische Umsetzung bei der Montage? Fragen über Fragen, die geradezu nach einem Profi schreien. Die Böhlert GmbH darf sich zweifellos so nennen. Wenn es um ausgefallene Stahl- und Edelstahlkonstruktionen, Vordächer und Überdachungen, Geländer, gradläufige Treppen und um individuelle Balkonanlagen geht, zählt der traditionsreiche Handwerksbetrieb zu den Top-Adressen in der Region um Erkrath.

Gegründet wurde der Familienbetrieb bereits 1919 in Halle an der Saale. 1961, noch vor dem Mauerbau, verlegte Rudolf Böhlert den Firmensitz nach Düsseldorf. Seit 1981 wird wieder in den eigenen Betriebsräumen in Erkrath in der Region Düsseldorf gefertigt. Die Böhlert GmbH ist ein dynamisches Familienunternehmen in der 4. Generation. Heute wird es von Dietmar Böhlert geleitet. „Wohnträume aus Stahl" nennt die Familie – ganz selbstbewusst – das, was sie und ihr siebenköpfiges Team für ihre Kunden realisieren. „Die von uns gefertigten Produkte haben einen hohen Qualitätsstandard. Saubere Ausführung und langlebige Produkte zeichnen uns aus. Das schafft Sicherheit für das Bauvorhaben."

Beratung, Planung, Statik, Fertigung, Montage – das Erkrather Unternehmen kümmert sich um den gesamten Entstehungsprozess, von der Idee bis zur Fertigstellung. In der Produktionshalle vereinen sich dann moderne Produktionsverfahren mit traditioneller Handwerkskunst.

Unsere Produkte mit hohem Qualitätsstandard schaffen Sicherheit für ein Bauvorhaben.

Erst wenn das Produkt die strenge Qualitätskontrolle bestanden hat, wird es ausgeliefert. Gern erwähnen die Böhlert-Verantwortlichen in diesem Zusammenhang, dass die lange Haltbarkeit aus ihren Metallkonstruktionen nachhaltige Produkte macht. „Wer sich zur Zusammenarbeit mit uns entscheidet, leistet einen Beitrag zum Wandel von der Wegwerfgesellschaft zur umweltbewussten Gesellschaft", so die Schlussfolgerung. „Nachfolgende Generationen werden es Ihnen danken."

DATEN & FAKTEN

Mitarbeiterzahl: 9
Firmensitz: 40699 Erkrath
Gründungsjahr: 1919
Gründer: Emil Michel
Heutige Leitung: Dietmar Böhlert
Produkte: ausgefallene Stahl- und Edelstahlkonstruktionen, Vordächer und Überdachungen, Geländer, gradläufige Treppen, Balkonanlagen
Branche: Metallbau
Internet: www.boehlert-gmbh.de
Lieblingstätigkeit: Balkonanlagen für private Ein- und Zweifamilienhäuser

Lasst Freude rein!

Grathwol Fensterbau

Handwerker sein heißt, sein Handwerk zu lieben und zu leben: mit Hand, Kopf, Herz und Seele. Axel Grathwol hat diese Leidenschaft in die Wiege gelegt bekommen. Seine Liebe gilt vorrangig dem Rohstoff Holz und dem Fenster. Für ihn ist es ein technisch anspruchsvolles Multitalent und Design-Element gleichermaßen. Als wahre Alleskönner geben sie dem Haus nicht nur Sicherheit und Wohlbehagen, sondern auch ein stilvolles Aussehen. Leider ging diese Wertschätzung laut Axel Grathwol verloren. Er möchte das ändern und fertigt seine hochwertigen Fenster aus Holz und Holz Aluminium im eigenen Betrieb. Auch Haustüren, Insektenschutz und Markisen gehören zum Sortiment.

„Wir lieben und schätzen das Fenster, als modernes Hightech-Design-Element und wertvollen Energiesparer", betont er. „Ihm seine Wertschätzung zurückzugeben, ist unsere tägliche Mission." In Sulz-Bergfelden, wo sich sein Betrieb befindet, und im größeren Umfeld drumherum steht der Name Grathwol für Qualität, Vertrauen und gutes Handwerk. Das liegt sicher auch an der langen Vorgeschichte. 1951 gründete der Großvater von Axel Grathwol, Gottlob Grathwol, das Unternehmen. „Seitdem hat sich vieles verändert, die Leidenschaft fürs Handwerk und der Anspruch an Qualität sind aber auch in der dritten Generation jeden Tag da", so Axel Grathwol. Er selbst absolvierte seine Lehre zum Schreiner im elterlichen Betrieb. Anschließend sammelte er Erfahrungen in einem anderen Unternehmen und qualifizierte sich weiter zum Glasermeister. Im Jahr 2000 zog es ihn wieder zurück in die Heimat, 2004 übernahm er den elterlichen Betrieb. Axel Grathwol sieht sich als ein Handwerker mit Leib und Seele, der in seinem Beruf aufgeht und liebt, was er tut. Und das soll noch möglichst lange so bleiben. In Sulz-Bergfelden entsteht deshalb zurzeit ein völlig neuer Unternehmensstandort, der als Signal für eine Aufbruchstimmung interpretiert werden soll.

„So etwas tut man nicht, wenn man nicht fest an das glaubt, was man macht", ist Axel Grathwol davon überzeugt, dass sein Betrieb eine aussichtsreiche Zukunft hat. „Heute schon an morgen denken", lautet der aktuelle

Fenster schaffen für jedes Haus ein Gefühl von Verbundenheit mit dem Außen und Sicherheit im Inneren. Aus dieser Perspektive verstehen und leben wir Fenster.

Slogan der Firma Grathwol Fensterbau. Mit nachhaltigen Lösungen für Fenster, Haustüren und Sonnenschutz – produziert auf eigenen, hochmodernen Maschinen und realisiert von einem qualifizieren, hochmotivierten Team – soll er nun mit Leben gefüllt werden.

DATEN & FAKTEN

Mitarbeiterzahl: 11
Firmensitz: Sulz-Bergfelden am Neckar
Gründungsjahr: 1951
Gründer: Gottlob Grathwol
Heutige Leitung: Axel Grathwol
Produkte: Fenster, Haustüren, Markisen und Insektenschutz
Branche: Fensterbau
Internet: www.grathwol-fensterbau.de
Lieblingstätigkeit: Stilvolle Fenster aus Holz und Holz-Aluminium

Königstraße 60 in Münster

Grafschafter Volksbank

Kompetenz, Qualität und Innovationskraft

Wilbrand GmbH

Johann Wilbrand und seine beiden Söhne

Das wird ganz sicher ein außergewöhnliches Jubiläum: Die Wilbrand GmbH in Ohne feiert im Jahre 2025 den 250. Geburtstag ihres Unternehmens. Hier im äußersten Südwesten Niedersachsens kennt jeder die Wilbrands, ihr Name ist seit 1775 eng mit qualifizierter Tischlerarbeit verbunden. Und das soll nach dem Willen von Mark Wilbrand auch in Zukunft so bleiben. Gemeinsam mit seinem Vater Johann und seinem Bruder Steffen führt er heute das traditionsreiche Familienunternehmen und setzt dabei auch weiterhin auf das, was das Unternehmen seit jeher so erfolgreich gemacht hat: Kompetenz, Qualität und Innovationskraft: „Wir geben täglich unser Bestes, mit Know-how, modernster Technik und viel Leidenschaft fürs Handwerk."

Spezialisiert hat sich die Wilbrand GmbH auf individuelle und hochwertige Fenster-, Haustür- und Fassadenlösungen, ein anspruchsvolles Produktsegment mit vielfältigen Anforderungen z. B. an Dämmung und Lüftung, Sicherung vor unberechtigtem Zugriff und Design. Der nachhaltige und seit Urzeiten verwendete Baustoff Holz wird mit modernen Materialien kombiniert und mithilfe modernster CNC-Technik zu langlebigen und – darauf legt Mark Wilbrand großen Wert – formschönen Produkten verarbeitet: „Neben der Funktionalität ist uns die Ästhetik besonders wichtig, denn Fenster und Türen prägen die Fassade jedes Gebäudes wie kein anderes Element."

Seine Referenzliste ist eindrucksvoll. Sie enthält zahllose Beispiele dafür, was man aus Wohngebäuden, Büro- und Geschäftshäusern oder Kindergärten machen kann, wenn man die Expertise von Wilbrand in ein Projekt einbezieht. Auch viele Denkmalschutzprojekte sind dabei. Dafür hat Wilbrand spezielle Fenstermodelle entwickelt. Sonderfälle liebt er besonders: „Wo es ganz individuelle Lösungen braucht und knifflig wird, da fühlen wir uns richtig wohl." Ein schönes Beispiel dafür sind die Giebelfenster im Haus Königstraße 60 in Münster (nebenstehendes Bild).

Wir geben täglich unser Bestes, mit Know-how, modernster Technik und viel Leidenschaft fürs Handwerk.

Wilbrand ist stolz darauf, seinen Kunden eine Komplettbetreuung aus einer Hand anbieten zu können. Sie werden von seinem Team von der Beratung über alle Planungsstufen bis zur Herstellung, Installation und Wartung professionell begleitet. „Wir sind von A bis Z für unsere Kunden da, das war schon immer so."

DATEN & FAKTEN

Mitarbeiterzahl: 48
Firmensitz: 48465 Ohne
Gründungsjahr: 1775
Geschäftsführung: Johann Wilbrand, Mark Wilbrand, Steffen Wilbrand
Produkte: Fenster – Fassaden – Türen
Internet: www.wilbrand.de

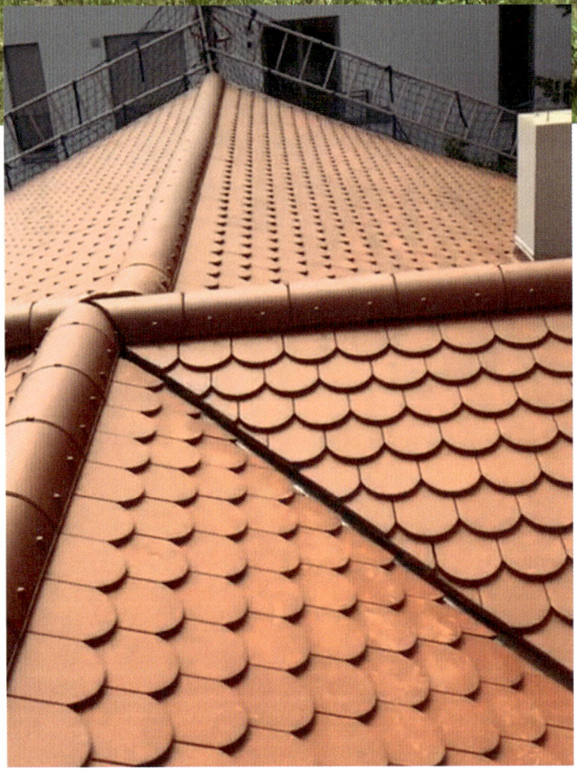

**Unser Motto lautet:
Durch Qualität und
Vertrauen zum Erfolg.**

BDS Bedachungs-systeme

Emir Ugljesa

Ein Dach über dem Kopf zu haben, zählt zu den Grundbedürfnissen des Menschen. Nun ist Dach aber ein dehnbarer Begriff. Außerdem ist das Dach selbst nicht frei von „Bedürfnissen". Man muss sich regelmäßig darum kümmern, sonst erfüllt es irgendwann nicht mehr hundertprozentig seine Funktion. Der Dachdeckerbetrieb BDS Bedachungssysteme hat dieses Thema genau im Blick. Der in Kassel ansässig Meisterbetrieb verfügt über reichlich Erfahrung in allen Fragen rund um das Dach.

„Unser Motto lautet: Durch Qualität und Vertrauen zum Erfolg", betont Emir Ugljesa, der das Unternehmen 2006 gründete. Als moderner Dachdecker-Meisterbetrieb ist BDS Bedachungssysteme in der Lage, für ein Dach oder eine Fassade alle Optionen nach dem Stand der heutigen Technik anzubieten und professionell zu verbauen. Emir Ugljesa setzt dabei insbesondere auf die bewährten Qualitätsprodukte namhafter Hersteller, bevorzugt aus der Region, seien dies Dach- und Wandsysteme aus Aluminium, Stahl, Holz, Faserzement, Verbundwerkstoffen oder Kunststoff. „Unsere langjährige Erfahrung, die sichere Routine und unser erstklassiges Fachwissen bieten unseren Kunden die Sicherheit, stets ein handwerklich einwandfreies Ergebnis zu erhalten. Dies gilt ganz besonders für kritische Bereiche wie Flachdächer, Dachbegrünungen, Schall- oder Wärmeschutz."

Die Arbeit des Kasseler Dachdecker-Betriebs beginnt mit der fachlichen Begutachtung der Situation, gefolgt von einer individuell angepassten Planung, exakt zugeschnitten auf das jeweilige Gebäude. „Durch kompromisslose Qualität auch beim verwendeten Material können wir die Sicherheit bieten, die für das Bauobjekt gewünscht wird", so Emir Ugljesa. „Unsere Lieferanten und Partner sind ausnahmslos renommierte Unternehmen, die mit ihren Namen für erstklassige Produktqualität stehen." Angesichts der immer öfter auftretenden Wetter-Kapriolen wurde außerdem ein spezieller Kundendienst ins Leben gerufen. Emir Ugljesa: „Wir bieten unseren Kunden eine 24-Stunden-Rundum-Dienstleistung, auch an Sonn- und Feiertagen. Dieser Service wird ganz besonders bei Havarien wie zum Beispiel Sturmschäden geschätzt."

Durch kompromisslose Qualität auch beim verwendeten Material können wir die Sicherheit bieten, die für das Bauobjekt gewünscht wird.

DATEN & FAKTEN

Mitarbeiterzahl: 6, 1 Azubi
Firmensitz: 34121 Kassel
Gründungsjahr: 2006
Gründer: Emir Ugljesa
Produkte: Rund um das Dach
Branche: Dach-, Wand- und Abdichtungstechnik
Internet: www.bds-bedachungssysteme.de

Architektur mit hohem gestalterischem Anspruch braucht auch maß-geschneiderte, innovative Lichtlösungen.

Lichtart Osnabrück GmbH & Co. KG

Axel Kaufmann

Die Welt des Lichts ist Axel Kaufmanns Welt. Licht ist seine Passion, faszinierte ihn schon in jungen Jahren, inspirierte ihn bei der Berufsorientierung und motivierte ihn 1994 zur Gründung eines Unternehmens, dem weitere folgten. Er ist überzeugt, dass Licht Räume formt, Atmosphäre schafft und Orientierung gibt. „Das richtige Verhältnis zwischen dunkel und hell, zwischen Licht und Schatten macht ein Ambiente spannend und steuert die Stimmung." Wen wundert es da, dass sich bei ihm seit Jahren alles um Licht dreht. Es ist für ihn ein idealer Werkstoff mit fast unbegrenzten Möglichkeiten.

Mit seinem Unternehmen Lichtart, das Standorte in Osnabrück, Münster, Dortmund, Olpe, Köln, Düsseldorf, Warendorf, auf Norderney und Mallorca hat, hilft er dabei, mit modernster Technologie optimale Lichtlösungen für Wohn- und Arbeitsbereiche zu gestalten. „Wir möchten für unsere Kunden Wohlfühlräume schaffen, die in allen Situationen perfekt illuminiert werden." Bei der Produktauswahl wird größter Wert gelegt auf Materialästhetik, Lichtqualität und Nachhaltigkeit.

Die Lichtart-Referenzliste ist eindrucksvoll. Sie umfasst viele Bereiche. Neben Hotel- und Gastronomie, Bürogebäuden, Gesundheitswesen, Juwelieren und anderen Shops finden sich auch zahlreiche Wohnhäuser. Und auch im Außenbereich konnte Axel Kaufmann bemerkenswerte Lichtlösungen realisieren, so etwa in Münster und Freiburg, wo sie öffentlichen Plätzen in der Dunkelheit einen besonderen Zauber verleihen.

Für Axel Kaufmann ist Licht die vierte Dimension der Architektur. Deshalb legt er großen Wert darauf, schon frühzeitig in Entwurfsprozesse eingebunden zu sein: „Architektur mit hohem gestalterischem Anspruch braucht auch maßgeschneiderte, innovative Lichtlösungen." Bauherren und Projektplaner können in seinem Showroom im Osnabrücker Wissenschaftspark erleben, was mit Licht möglich ist. In der Beratungslounge werden Planungsoptionen live demonstriert.

Das richtige Verhältnis zwischen dunkel und hell, zwischen Licht und Schatten macht ein Ambiente spannend und steuert die Stimmung.

Lichtart bietet Kunden eine Komplettbetreuung an. Sie werden von der ersten Idee über Lichtplanung und -design, Auswahl der Leuchten und Lichtsteuerung bis zur Inbetriebnahme und Wartung kompetent begleitet. Auch Leasingmöglichkeiten werden angeboten. Dabei stehen für Axel Kaufmann Qualität und Kundenzufriedenheit immer an erster Stelle. „Wir suchen im Rahmen des Budgets die beste Lösung, gerne auch eine außergewöhnliche." Und die erfahrenen Profis von Lichtart mit ihrem sicheren Gespür für alle Facetten des Lichts finden sie.

DATEN & FAKTEN

Mitarbeiterzahl: 18
Firmensitz: 49076 Osnabrück
Gründungsjahr: 1994
Leitung: Dipl.-Ing. Axel Kaufmann
Produkte: Lichtplanung – Lichtdesign – Beleuchtung – Lichtleasing – Installation
Internet: www.lichtart.info
Lieblingstätigkeit: Kreativ sein

Schmucktechniken bieten vielfältige Möglichkeiten, Wänden das besondere Extra zu geben.

Daniel Holstein Malermeister

Daniel Holstein

Daniel Holstein macht Träume wahr. Er verwandelt langweilige Kinderzimmer in Actionparadiese für Kids, schmucklose Essbereiche in elegante Salons und graue Eingangsbereiche in repräsentative Entrees. Dazu nutzt er keinen Zauberstab, sondern Pinsel, Spachtel und Co. Daniel Holstein ist Malermeister, einer mit viel Leidenschaft für die individuelle Gestaltung von Räumen: „Farben, Formen und Licht sind meine Welt, mit ihnen kann man ein ganz besonderes Raumklima schaffen."

Sein Unternehmen ist noch sehr jung. Im Jahre 2020 hat sich Daniel Holstein synchron zur Meisterprüfung in Senden-Ottmarsbocholt selbstständig gemacht. Seine Qualitäten sprachen sich bei Privat- und Gewerbekunden im gesamten Münsterland schnell herum. Das Auftragsvolumen wuchs kontinuierlich. Inzwischen verstärken zwei Gesellen das Team. Das Unternehmen soll weiter wachsen. Ende 2023 wird ein neues Domizil im Gewerbegebiet Ketterkamp bezogen, das Platz für den umfangreichen Maschinenpark und zusätzlich für Ausstellungsräume bietet.

Zum Leistungsangebot von Daniel Holstein gehört die gesamte Palette von Malerarbeiten im Innen- und Außenbereich. Schmucktechniken hat er zu einem besonderen Schwerpunkt entwickelt: „Sie bieten vielfältige Möglichkeiten, Wänden das besondere Extra zu geben." So lassen sich Räume z. B. durch Spezialtapeten, Reliefs, Wandbilder oder -Tattoos effektvoll aufwerten. Durch den Einsatz von Kalkspachteltechnik, Wickeltechnik und Wandlasuren lassen sich facettenreiche Oberflächen, Muster, Reliefs und Marmorierung erzeugen. Veredeln kann man Räume auch mit vorgefertigten Stuckleisten, Zierleisten, Rosetten, Konsolen, Pilastern oder Halbsäulen, die echtem Stuck täuschend ähnlich sehen und in allen Farben gestrichen werden können.

Farben, Formen und Licht sind meine Welt, mit ihnen kann man ein ganz besonderes Raumklima schaffen.

Für Daniel Holstein ist Handwerksarbeit vor allem auch Vertrauenssache. Kundenwünsche und individueller Service stehen für ihn immer an erster Stelle. Eine transparente Kostenübersicht und absolute Zuverlässigkeit sind für ihn selbstverständlich, ebenso eine papierlose Auftragsabwicklung. Zu seinen Lieblingsprojekten zählen die Gesamtgestaltung eines Einfamilienhauses auf Norderney und die beliebte Espresso-Bar „Flotte Bohne" in Münster.

DATEN & FAKTEN

Mitarbeiterzahl: 3
Firmensitz: 48308 Senden
Gründungsjahr: 2020
Leitung: Daniel Holstein
Produkte: Malerarbeiten – Bodenbeläge – Fassadenarbeiten
Internet: www.maler-holstein.de
Lieblingstätigkeit: Einsatz von im Münsterland einmaligen Produkten bei den Kreativ-Techniken

Das Inselhouse
auf Norderney

Böden, Treppen, Balkone und Terrassen mit absolut einmaliger Optik.

Fliesen Helmers

Sebastian Helmers mag keine halbe Sachen, auch mit Mittelmaß gibt er sich nicht zufrieden. Das gilt vor allem für Fliesen, Natursteine und formschöne Bodenbeläge. In dieser Welt ist er zu Hause. Er ist Handwerksmeister aus Leidenschaft. Seit 2005 führt er den von ihm gegründeten Fliesenfachbetrieb im münsterländischen Emsdetten. Sein Spezialgebiet: Barrierefreie Bäder, Badsanierung, Balkon- und Terrassensanierung, Wohnraumgestaltung und vieles mehr. In diesen Bereichen bietet er seinen Kunden individuelle und hochwertige Lösungen, in denen sie sich wohl fühlen, und das zu einem fairen Preis. Die Kundenzufriedenheit ist ihm sehr wichtig: „Wir lassen uns gerne an dem messen, was wir versprechen, und hören erst auf, wenn der Kunde wirklich zufrieden ist."

Egal, ob Neuverlegung, Sanierung oder Umbau, ob Innen- oder Außenbereich: Helmers steht für höchste Ansprüche an Qualität, Design, Komfort, Haltbarkeit und Funktionalität. „Wir bieten eine saubere, schnelle und kostengünstige Abwicklung in Verbindung mit modernsten Techniken und völlig individuellen Gestaltungsmöglichkeiten." Das schätzen die Kunden im Nordmünsterland. Sie erteilen ihm regelmäßig Bestnoten.

In seiner Fliesenausstellung zeigt Helmers verschiedenste Fliesen, Platten und Natursteine. Auch im RaumfabrikForum am Kreativkai Stadthafen Münster kann man sehen, was Helmers kann. Hier wird im besonderen Ambiente einer Werkschau gezeigt, wie Handwerksleistungen in Zukunft noch besser geplant und koordiniert werden können.

Eine kompetente Beratung von geschultem Fachpersonal ist bei Helmers selbstverständlich. Nach der Entscheidung für einen Bodenbelag sorgen erfahrene Fliesenleger dafür, dass dieser qualitativ hochwertig verlegt wird. Auch für die saubere Verfugung wird gesorgt – oder auf Wunsch fugenlos verlegt. Besonders bei großformatigen Fliesen

Wir lassen uns gerne an dem messen, was wir versprechen, und hören erst auf, wenn der Kunde wirklich zufrieden ist.

können damit beeindruckende optische Effekte erzielt werden. So sind schon viele Böden, Treppen, Balkone und Terrassen mit einer absolut einmaligen Optik verschönert worden. Zu seinen Lieblingsprojekten zählt er das Inselhouse auf Norderney, eine vor wenigen Monaten fertiggestellte Appartementanlage, in der er alle Fliesenarbeiten ausgeführt hat.

DATEN & FAKTEN

Mitarbeiterzahl: 6
Firmensitz: 48282 Emsdetten
Gründungsjahr: 2005
Leitung: Sebastian Helmers
Produkte: Barrierefreie Bäder, Badsanierung, Balkon-Terrassensanierung, Wohnraumgestaltung, Estrich
Internet: www.fliesen-helmers.de
Lieblingsprojekt: Das Inselhouse auf Norderney

Das Badezimmer ist kein Raum wie jeder andere, es ist ein Ort der Reinigung für Körper und Seele, ein Ort des Wohlfühlens und der Entspannung – dafür geben wir alles.

Friedrich Decker GmbH

Hille Decker und Jens Willms

„Das Badezimmer ist kein Raum wie jeder andere, es ist ein Ort der Reinigung für Körper und Seele, ein Ort des Wohlfühlens und der Entspannung – dafür geben wir alles." Kann man anspruchsvolles handwerkliches Selbstverständnis besser ausdrücken? Das Zitat stammt aus dem Mund von Hille Decker, die gemeinsam mit Jens Willms die Geschicke der Friedrich Decker GmbH in Rastede lenkt. Der Namensgeber der bekannten und renommierten Firma ist ihr Vater Friedrich Decker gewesen, der seit ein paar Jahren seinen wohlverdienten Ruhestand genießt.

Der Sanitär- und Heizungsmeister hob das Unternehmen 1978 aus der Taufe. Hille Decker und Jens Willms sind seit dem Geschäftsführer des Unternehmens. Vor acht Jahren erfolgte der Generationswechsel. Hille Decker, Elektromeisterin und Betriebswirtin des Handwerks, kann sich noch gut an einige ungläubige Gesichter erinnern, die ihren Einstieg als Unternehmerin begleiteten. „Gerade unsere Branche wird noch sehr stark von Männern dominiert, deshalb reagieren Kunden häufig zunächst erstaunt, wenn sie es mit mir zu tun bekommen", berichtet sie aus ihrem Alltag als Unternehmerin.

Der ist erkennbar von Erfolgen gekrönt. „Wir arbeiten hauptsächlich im Privatkundenbereich und machen überwiegend Sanierung im Bereich Bad und Heizung", gibt sie einen Einblick in die aktuelle Auftragslage. 80 Prozent sind Sanierungen, 20 Prozent Teilsanierungen. Bei den Teilsanierungen geht es häufig um einen behindertengerechten Umbau von Bädern. Mit welchen Wünschen die Kunden auch immer an Hille Decker & Jens Willms herantreten, die Friedrich Decker GmbH bietet für jeden Auftrag ein „Rundum-sorglos-Paket" an. Der Kunde hat einen Ansprechpartner für alle Gewerke. Das Rasteder Unternehmen arbeitet immer mit den gleichen Kooperationsfirmen zusammen. Sie können sich alle aufeinander verlassen und helfen sich gegenseitig, wenn es mal schwierig wird.

Seit einiger Zeit ist die Friedrich Decker GmbH Teil von DIE BADGESTALTER, einer der größten Kooperationen des

Stress durch Arbeit oder andere Verpflichtungen kennt jeder. Umso schöner ist es, wenn man sich Oasen der Ruhe im eigenen Zuhause schaffen kann.

deutschen Fachhandwerks. Dieser Verbund – die SHK AG – vergibt die Nutzungsrechte ausschließlich an Vertriebe, die besondere Qualitätskriterien erfüllen. All das macht aus einem von der Friedrich Decker GmbH geschaffenen oder umgebauten Bad schließlich den anfangs beschriebenen besonderen Ort innerhalb der eigenen vier Wände. Hille Decker: „Stress durch Arbeit oder andere Verpflichtungen kennt jeder. Umso schöner ist es, wenn man sich Oasen der Ruhe im eigenen Zuhause schaffen kann."

DATEN & FAKTEN

Mitarbeiterzahl: 10
Firmensitz: 26180 Rastede
Gründungsjahr: 1978
Gründer: Friedrich Decker
Leitung: Hille Decker und Jens Willms
Branche: Sanitär und Heizung
Internet: www.f-decker.de
Lieblingstätigkeit: Bäder planen und bauen ☺

Die Meistersanierer

Hagen Immobilien-sanierung

Peter Hagen

Aus Alt und Muffig mach Neu und Lebhaft. Ob Kernsanierung oder Raumneugestaltung – bei Hagen Immobiliensanierung gibt es alles unter einem Dach, meisterhaft durchdacht!

Wieso kann man beim Facility-Management die verschiedenen Handwerker nicht aus einer Hand bekommen? Mit dieser Frage wurde das Allround-Unternehmen begründet und überzeugt seit jeher auf ganzer Linie. Wer sonst verschiedene Handwerker für eine Renovierung zusammensuchen musste, kann diese Leistungen nun ganz bequem bei Hagen Immobiliensanierung im Komplettpaket erhalten.

Tapezieren, Malen und Lackieren, Fliesenlegen, Trockenbau – den Sanierungswünschen der Kunden steht nichts mehr im Wege. In ehrlicher Handwerksmanier werden die Arbeiten realistisch besprochen und mit Markenwerkzeugen durchgeführt. Je ein Meister des Maler-, Schlosser- und Fliesenlegerhandwerks arbeiten hier im Team und sorgen mit den anderen sieben Gesellen für eine präzise Ausführung der gemeinsamen Planung. Durch cleveres Zeitmanagement können die renovierten Räume schnellstmöglich wieder genutzt werden.

Die langjährige Erfahrung des Geschäftsführers Peter Hagen garantiert das Motto: „Stressfrei renovieren“. Dies beginnt mit der gemeinsamen Planung, wobei alles offen kommuniziert und mit digitaler Bauakte festgehalten wird. Nach der klaren Absprache werden die Preise festgelegt, so kommt es nicht zu finanziellen Überraschungen nach der Bauphase. Und falls doch etwas anders kommt als gedacht, kann man sich darauf verlassen: „Die Jungs hier sind vom Bau, die wissen, wie man’s macht.“

Die Planung und Steuerung der verschiedenen Gewerke aus einer Hand realisiert das Rundum-sorglos-Paket der Kundschaft. Damit die Kundenwünsche optimal erfüllt werden, gehört der gemeinsame Besuch von Ausstellungen der Handwerke zum Service, damit ein rundes inneres Bild für die Renovierung entsteht. Neuester Kniff: In der digitalen Bauakte kann eine 360°-Ansicht erzeugt werden.

Das Motto von Peter Hagen lautet: Stressfrei renovieren!

Zu den Lieblingsprojekten der Renovierungshistorie von Hagen gehört die Komplettsanierung eines Pferdehofs. Da springt das Herz höher, wenn nach Monaten der Planung und harter Arbeit lebenswerte, anspruchsvolle Räume entstanden sind. Zufriedene und glückliche Kunden sind das Ergebnis der zuverlässigen Arbeit der Meistersanierer von Hagen Immobiliensanierung.

DATEN & FAKTEN

Mitarbeiterzahl: 9
Firmensitz: 41517 Grevenbroich
Gründungsjahr: 2009
Gründer & Geschäftsführer: Peter Hagen (Schlossermeister)
Branche: Immobiliensanierung
Internet: www.hagen-immobiliensanierung.de
Lieblingstätigkeit: Allround-Sanierung

Der Spezialist für Wohlfühlorte

Geppert Konzept

Christian Geppert

Bei Geppert Konzept wird konsequent ganzheitlich gedacht. Das gehört für Christian Geppert zur DNA seines nochwmöbel." Der gelernte Schreiner und staatlich geprüfte Holztechniker baute schon während seiner Tätigkeit in der Beschlagindustrie in Teilselbstständigkeit eine „Garagenschreinerei" auf, die immer gut zu tun hatte.

Nach und nach reifte bei ihm die Idee, die kleine Schreinerei als Teil eines großen Ganzen in neue Sphären zu bringen und seine Visionen als Kompletteinrichter und Chef zu leben und zu teilen. Nach der Elternzeit machte er dann 2017 Nägel mit Köpfen und widmete sich fortan voll seiner eigenen Schreinerei. Das Unternehmen entwickelte sich schnell zu einem leistungsstarken Kompletteinrichter und gilt heute weit über den Standort Rain am Lech hinaus als Ausnahmeschreinerei, als Spezialist für Wohlfühlorte.

Christian Geppert kann sich mit seinem Gewerke übergreifenden Konzept auf starke Partner und vor allem ein leidenschaftliches Team stützen. Mit dem Leitspruch „we make it real" macht es Kundenträume zunächst zum eigenen Projekt und lässt sie dann Wirklichkeit werden. Egal ob privater Rückzugsort, Restaurant, Ladengeschäft oder Fitnessstudio – alles wird so gestaltet, dass schon beim Betreten Behaglichkeit und der Wunsch nach längerem Verweilen entstehen. Bei der Materialauswahl gibt es für das Geppert-Team keine Grenzen. Gerne setzt es historische Materialien wie Altholz ein und Unikate, kombiniert mit kühlen Materialien wie Stein, Stahl oder Glas, abgerundet durch feinste Stoffe und eine harmonische Lichtgestaltung: „Wir lieben Lösungen, die auf den ersten Blick überzeugen und ein Gaumenschmaus für die Augen sind."

Bei Geppert gibt es nichts von der Stange. Das merkt man auch an unkonventionellen Marketingmaßnahmen, wie etwa der kleinen E-Smart-Flotte, die als fahrende Werbung dient und von den Mitarbeitern für kleines Geld genutzt werden kann. Oder auf den Social-Media-Accounts: Der Chef persönlich nimmt hier die Community mit, zeigt direkte Einblicke in Fertigung und Montage und präsentiert potenziellen Kunden fertig eingebaute Visionen – natürlich „made by Geppert Konzept".

Wir lieben Lösungen, die auf den ersten Blick überzeugen und ein Gaumenschmaus für die Augen sind.

DATEN & FAKTEN

Mitarbeiteranzahl: 20
Firmensitz: 86641 Rain
Gründungsjahr: 2017
Leitung: Christian Geppert
Produkte: Planungsbüro, Schreinerei, Innenausbau, Manufaktur
Internet: www.geppert-konzept.de
Lieblingstätigkeit: Kundenträume wahr werden lassen

Höchste technische Anforderungen, intelligent und unauffällig in ein Top-Design integriert.

Keizers Türen + Konzepte

Martin Keizers

Als Kind hat Martin Keizers am liebsten in der Tischlerei seines Vaters gespielt. Diese Umgebung hat ihn nachhaltig geprägt. Seine Leidenschaft für den Werkstoff Holz, für handwerkliches Arbeiten und für kreatives Gestalten hatte hier ihren Ursprung. Die Ausbildung zum Tischler war für ihn alternativlos, ein Innenarchitektur-Studium schloss sich an. Schon während des Studiums gründete er 2002 mit seinem Vater die Firma Keizers Türen + Konzepte GmbH & Co. KG in Vreden, die sich im Bereich Innentüren, Trennwandsysteme und Innenausbauten schnell einen hervorragenden Ruf erarbeitete. Die Kunden schätzten besonders die hochwertige Handwerksarbeit, die große Flexibilität und die Zuverlässigkeit.

Der Produkt-Schwerpunkt hat sich im Laufe der Jahre verlagert: Heute ist Keizers deutschlandweit bekannt und gefragt als Hersteller von Spezialtüren aller Art. Wenn es um Sondertüren mit sehr speziellen Anforderungen geht, um Türen mit dem „besonderen Etwas", dann ist man bei Martin Keizers im Westmünsterland genau richtig. „Lösungen von der Stange gibt es bei uns nicht. Jede unserer Türen ist ein Unikat. Sie wird individuell konzipiert und designt – immer angepasst an die jeweilige Funktion und das Raumumfeld." Herstellung und europaweite Montage erfolgen dann ebenfalls durch Keizers' Mannschaft. Zu der gehören heute 22 fest angestellte Mitarbeiter, alles gestandene und ausgebildete Tischler, Meister, Techniker oder Innenarchitekten.

Türen sind komplexe Produkte, an die – vor allem im Objektbereich – vielfältige Anforderungen gestellt werden. Nicht nur gestalterische, wie unverwechselbares Design oder charakteristische Oberflächen, sondern auch technische, wie Feuer- und Rauchschutz, Beschusshemmung und Schallschutz. In diesem anspruchsvollen Feld ist Martin Keizers zu Hause: „Die Harmonie von Form und Funktion einer Tür ist für uns zentral. Wir haben oft gezeigt, dass man höchste technische Anforderungen intelligent und unauffällig in ein Top-Design integrieren kann". Tischlereien, Objekteinrichter, Architekten und Generalunternehmer schätzen Kompetenz und Expertise seines Teams, wenn es um Premium-Türlösungen geht – für privaten Wohnraum genauso wie für Hotel,

Die Harmonie von Form und Funktion einer Tür ist für uns zentral.

Gewerbe und Büros. Die Keizers-Referenzliste ist lang und eindrucksvoll, wie z. B. Steigenberger Hotels in Hamburg und Düsseldorf oder jüngst ergänzt durch das Schüco Welcome Center in Bielefeld, wo Keizers unter anderem auch den außergewöhnlichen Wunsch nach einer vier mal vier Meter großen XXL-Tür erfüllen konnte.

DATEN & FAKTEN

Mitarbeiteranzahl: 22
Firmensitz: 48691 Vreden
Gründungsjahr: 2002
Leitung: Martin Keizers
Produkte: Funktionstüren, Glas-und Systemtrennwände, Lofttüren
Internet: www.keizers-tueren.de
Lieblingstätigkeit: Lebensräume verfeinern!

Fotos:

Rohaf Abdullah, Vitali Brickmann, Roland Borgmann, Hauke Dressler, Liesa Flemming, Jonas Großecappenberg, Joachim Grothus, Marmann Fotografie, Frank Martini, Dominik Pfau, Schmidt media

Alle weiteren Bilder wurden von den Preisträgern zur Verfügung gestellt.

Impressum:

Bibliografische Information der Deutschen Nationalbibliothek

Die Deutsche Nationalbibliothek verzeichnet diese Publikation
in der Deutschen Nationalbibliografie; detaillierte bibliografische Daten
sind im Internet unter http://dnb.d-nb.de abrufbar.

ISBN 978-3-949869-69-3
Cover: Lina Bach | www.floed.de
Lektorat: Antonia Pieper | www.antoniapieper.de
Layoutkonzept: Lena Vansteenkiste | www.lenavansteenkiste.de
Layout: Das Herstellungsbüro, Hamburg | www.buch-herstellungsbuero.de
ROOTS 48 I www.roots48.com
Druck: Starke Medien I www.starkemedien.com